DESTINADOS
para las
ALTURAS

TOMMY MOYA

CASA
CREACIÓN
Para vivir la Palabra

Para vivir la Palabra

MANTÉNGANSE ALERTA;
PERMANEZCAN FIRMES EN LA FE;
SEAN VALIENTES Y FUERTES.
—1 CORINTIOS 16:13 (NVI)

Publicado por Casa Creación
Miami, Florida
www.casacreacion.com
©2020 Derechos reservados

ISBN: 978-1-62999-788-9
E-Book ISBN: 978-1-62999-789-6

Desarrollo editorial: *Grupo Nivel Uno, Inc.*

Impreso en Colombia

20 21 22 23 LBS 9 8 7 6 5 4 3 2 1

CONTENIDO

Prólogo por Juan Ballistreri. 5
Prefacio 7

CAPÍTULO 1 La nueva vida 9
CAPÍTULO 2 El fundamento de una vida victoriosa 29
CAPÍTULO 3 Desde una nueva perspectiva. 41
CAPÍTULO 4 Como el águila 51
CAPÍTULO 5 Desde lugares celestiales. 61
CAPÍTULO 6 La fuente de fortaleza 67
CAPÍTULO 7 Alcanzar la madurez. 75
CAPÍTULO 8 La necesidad de decisiones sabias 91
CAPÍTULO 9 Dinámicas de las decisiones 99
CAPÍTULO 10 Destinado para las alturas. 109
CAPÍTULO 11 Cómo vencer el temor 121
CAPÍTULO 12 Cómo perfeccionar las destrezas en
             las alturas. 131
CAPÍTULO 13 La visión del águila 141
CAPÍTULO 14 El poder de una visión 149
CAPÍTULO 15 Cómo enfrentar las tormentas en las alturas . . 157
CAPÍTULO 16 El enemigo de las alturas. 167
CAPÍTULO 17 La sutileza del enemigo 177
CAPÍTULO 18 Alimento para las alturas. 191

Conclusión 203
Bibliografía 205
Sobre el autor. 207

TENER LA POSIBILIDAD de escribir estas líneas en el inicio de un libro y de un autor de este nivel es un gran privilegio y una gran responsabilidad.

La palabra «prólogo», significa «anticiparse a un discurso» y ese grato peso lo siento desde que Tommy, a quien aprecio, admiro y oigo con suma atención desde que le conocí, puso estas notas en mis manos.

Lo que ustedes tienen en su mano es un discurso y un tratado compuesto de todos los ingredientes que pudiera tener un libro con una clara intención, de que cada uno de sus lectores quede absolutamente claro de no somos una improvisación de la vida, pero que tampoco podemos vivir la vida sin ser expuestos a la verdad de lo que se trata la vida cristiana en esencia.

En nuestra vida terrenal nos encontramos con una serie de situaciones impredecibles, pero en la medida que conozcamos más rápidamente sobre ese diseño eterno de Dios, nuestros pasos serán veloces y de avance para nuestras generaciones.

Al leer todas sus páginas me detuve a preguntarme más de una vez, ¿Dónde nos perdimos en estos últimos siglos?, ¿Qué les sucedió a los maestros que nos precedieron en algunos asuntos que no pudieron quedarse sin ser tocados a profundidad?

Gracias a Dios que hoy tenemos estos recursos en plumas claras y Tommy es una de esas plumas.

Quiero recomendarle a cada lector a que cuando llegue a las páginas donde el autor comienza a hablarnos del «águila», superemos la barrera del «creer que ya lo sabemos todo sobre este maravilloso animal» tan usado por todos, pero que viéndolo desde el punto donde se desarrolla aquí, dejará una impresión de amplitud y magnitud no antes vista.

Definitivamente Dios desde la eternidad a visto nuestros días, evalúa los tiempos que nos toca vivir e inicia los procesos necesarios para tener la persona correcta, con el enfoque correcto, en el tiempo correcto y con la instrucción correcta.

Prepárense a viajar por el libro, acepten el diagnóstico, vean la medicina y disfruten la salud que nos da la plenitud de realizarnos en el propósito eterno de Dios.

En nuestras manos tenemos un libro que nos anima y posiciona para tomar decisiones y nos enseña cómo ayudar a otros a tomarlas, ya que sin tomas de decisiones puntuales en la vida todo se vuelve una ilusión. Pero para tomar decisiones siempre los lugares altos nos brindan una mejor visión.

Nuestro caminar por la vida tendrá muchas zonas de temores, conflictos y adversidades, pero el entrenador y el entrenamiento correcto harán que aquello que nos duele por capacitación no nos duela en la competición.

Este trabajo ayudará a prevalecer en el conflicto real que debemos de afrontar cada día como hijos de Dios, porque nos da abundancia de recursos eternos.

Tengo la certeza que muchas de las palabras, o porque no decir todas las palabras que contiene este libro, las hemos escuchado durante toda nuestra vida, pero el autor logró ordenarlas, clasificarlas y entretejerlas para tener un destino y un propósito puntual.

Un saludo fraterno y a disfrutar.

—Juan Ballistreri
Pastor y conferenciante internacional
Córdoba, Argentina

ESTE ES UN libro que nunca planifiqué escribir. La primera edición fue el resultado de una visita que me hiciera Lydia Morales y Tessie DeVore. En aquel momento ambas trabajaban para Casa Creación y me invitaron a ser uno de los escritores para su editorial. Mi primera respuesta a ellas fue que yo no era un escritor, segundo que no sabía cómo escribir un libro y tercero que, si quisiera escribir uno, no sabía qué tema considerar.

Yo pensé que con esa respuesta la reunión terminaría, pero Tessie me preguntó: «¿Alguna vez ha predicado una serie de mensajes que usted pensó que podría ser un libro?». Le respondí: «No, pero hace unos años prediqué una serie de mensajes utilizando el águila como referencia a lo que se debe parecer la vida de los hijos de Dios, y los hermanos me decían, 'algún día esa serie de predicaciones será un libro'».

«¡Ese es el libro!», me respondió Lydia. Eso sucedió hace 15 años. La primera edición se publicó y para sorpresa mía el libro ganó el premio de mejor libro original del año 2005, otorgado por la Spanish Evangelical Publishers Association (SEPA, por sus siglas en inglés).

Mucho ha sucedido desde esa primera edición. Para comenzar, pasé por un proceso de restauración personal, no estoy pastoreando una congregación local, soy el fundador de una comunidad virtual de estudio con cientos de estudiantes, (www.TransformadosEnCristo.com), viajo por las naciones colaborando en la edificación del Cuerpo de Cristo, he escrito otros libros, desarrollé un entrenamiento para pastores y líderes llamado, Transformación Congregacional, (www.LiderCompetente. com) y, soy abuelo.

Cuando Julio Vientós, gerente de Casa Creación me hizo el acercamiento para revisar y expandir este libro, sabía que gran parte del contenido cambiaría, tendría mucho contenido nuevo y el libro en general sería más edificante. Dicho esto, me siento afortunado de compartir contigo mucho de lo que he aprendido en los últimos años.

Es con gran aprecio, y humildad, que te presento este nuevo trabajo, con la sincera esperanza de que encuentres útil la sabiduría compartida en estas páginas y que sea de gran provecho para tu vida, familia y ministerio.

Mi objetivo al revisar y ampliar este libro es ayudarte a entender, con la claridad del agua de un manantial la maravillosa posibilidad de andar en vida nueva (Romanos 6:4), o pudiéramos decir porque has sido destinado para las alturas.

Podemos, en confianza, entregar este libro a cualquier persona con la expectativa de que será inspirada, edificada, afirmada y empoderada para vivir conforme al diseño del Señor para su vida.

Este es un libro sobre algo más que doctrinas y frases motivacionales, me atrevo a decir que lo puedes considerar un manual para vivir en las alturas. Espero que, al leerlo, llegues a pensar en mí como un compañero de viaje y un amigo que desea lo mejor del Señor para ti. Quiero que experimentes el mismo nivel de libertad que he experimentado, al permitir que lo que aprenderás en este libro se haga vida en ti.

Quiero que sepas que somos compañeros en esta jornada en la cual deseamos ser llenos del conocimiento de su voluntad en toda sabiduría e inteligencia espiritual, para que andemos como es digno del Señor, agradándole en todo, llevando fruto en toda buena obra, y creciendo en el conocimiento de Dios (Colosenses 1:9-10).

Por favor, hazme saber si puedo mejorar mis esfuerzos en este objetivo. Puedes escribirme en www.TommyMoya.tv.

¡Buen viaje!

Capítulo 1

LA NUEVA VIDA

Si alguien está unido a Cristo, se convierte en un ser nuevo
que ha dejado lo viejo atrás y está totalmente renovado.

—2 Corintios 5:17, PDT

UNO DE LOS intercambios más importantes en los Evangelios, es la conversación entre Jesús y Nicodemo. Las implicaciones son profundas y el contenido revela la incapacidad del ser humano de comprender cuál es su verdadera necesidad (ver Juan 3:1-15).

Jesús le había expresado a Nicodemo lo imperativo e inflexible de la necesidad de un nuevo nacimiento para la impartición de una nueva vida, al decir:»…el que no naciere de nuevo, no puede ver el reino de Dios» (v. 3). Lo que para Nicodemo fue un golpe a su intelecto, y le instó a preguntar: «¿Cómo puede un hombre nacer de nuevo siendo viejo?» (v. 4). Para Jesús era el principio básico de la ley que gobierna el Reino de Dios.

En la esfera del orden natural se reconocen dos leyes que operan en todo lugar, todo el tiempo.

1. *La vida física es el resultado del nacimiento físico.*
2. *Lo que nace participa de la vida que le dio nacimiento.*

Lo natural engendra lo natural. Lo que Jesús le está diciendo a Nicodemo es, así como en el orden natural y físico hay una ley que gobierna ese orden, en la esfera del Espíritu, también. La vida espiritual es el resultado de un nacimiento espiritual que nace de Dios y recibe la vida de Dios. Lo divino engendra lo divino.

Juan 3:6

> *Lo que es nacido de la carne, carne es; y lo que es nacido del Espíritu, espíritu es.*

Con esta simple declaración Jesús manifestó con precisión y claridad cuatro profundas verdades:

1. *Los hombres viven en dos esferas distintas.*
2. *La entrada a ambas es por nacimiento.*
3. *La carne engendra carne y el Espíritu engendra espíritu.*
4. *Si alguien desea pasar de la esfera de la carne a la esfera del Espíritu solo lo puede hacer por medio de un segundo nacimiento.*

Jesús era y tenía lo que Nicodemo necesitaba, la vida. Nicodemo no conocía la clase de vida a la cual Jesús se refería. Sin dudas que él estaba viviendo de la mejor manera posible que sabía. Toda su vida estaba condicionada a reglas, sistemas, educación y religión. Su deseo era ser mejor y esa fue la razón por la cual el vino a Jesús; él quería saber cómo vivir mejor y ser más útil en esa clase de vida.

Juan 3:2

> *Este vino a Jesús de noche, y le dijo: Rabí, sabemos que has venido de Dios como maestro; porque nadie puede hacer estas señales que tú haces, si no está Dios con él.*

Jesús fue directo a la necesidad y le mostró la imposibilidad de hacer que la carne se comporte de una manera espiritual, «lo que es nacido de la carne, carne es». Puede ser carne intelectual, inteligente, con mucha cultura, con grandes logros, carne moral, aun hasta religiosa, pero sigue siendo carne. La carne es carne, llámese como se llame. Aun, Dios mismo ni siquiera intenta hacer que la carne sea algo diferente a lo que es.

Romanos 8:7-8

> *Por cuanto los designios de la carne son enemistad contra Dios; porque no se sujetan a la ley de Dios, ni tampoco pueden; y los que viven según la carne no pueden agradar a Dios.*

La carne es irreconciliablemente enemiga de Dios. No se puede cambiar ni mejorar. Se puede disfrazar con simpatía, amabilidad, gentileza, generosidad, cortesía y sigue siendo enemiga y se opone a todo lo que sea de Dios, «*y los que viven según la carne no pueden agradar a Dios*».

Ese era el inmenso problema de Nicodemo, del cual él no tenía la más mínima idea. Sus estudios, estatus y privilegios no lo prepararon y mucho menos le mostraron que la vida natural del hombre es incapaz de operar en el orden de la vida espiritual.

La vida natural equipa al ser humano para vivir en la esfera de lo natural. Jesús no le ofreció ningún tipo de esperanza a Nicodemo de que si se esforzaba más o si continuaba estudiando podía lograr un cambio gradual de lo natural a lo espiritual. Tampoco, Jesús le hizo una propuesta para añadirle algunas virtudes espirituales, de modo que, reduciendo las tendencias malignas, operará en facultades divinas.

Jesús sabía que no hay ningún proceso para que la carne sea transformada de lo que es, al orden espiritual. La carne no puede ser mejorada, cambiada o utilizada por Dios. No hay nada en ella que Dios pueda aceptar. Si esto es así, ¿qué es lo que hace Dios con el pecador que se arrepiente para trasladarlo a la nueva vida en la esfera del Espíritu?

Lo que Él hace es que le imparte su propia vida que hace posible que pueda ver y entrar a su Reino y a su familia de hijos. Al hacerlo partícipe de su propia naturaleza, la cual se reproducirá según el orden celestial.

Gálatas 6:7-8

> No os engañéis; Dios no puede ser burlado: pues todo lo que el hombre sembrare, eso también segará. Porque el que siembra para su carne, de la carne segará corrupción; más el que siembra para el Espíritu, del Espíritu segará vida eterna.

Para vivir la vida de Dios es necesario ser hecho partícipe de la naturaleza de Dios. Por medio del nuevo nacimiento, Dios imparte su propia vida en el espíritu del hombre para que habite en él.

2 Pedro 1:4

> Por medio de las cuales nos ha dado preciosas y grandísimas promesas, para que por ellas llegaseis a ser participantes de la naturaleza divina, habiendo huido de la corrupción que hay en el mundo a causa de la concupiscencia;

1 Juan 3:9

Todo aquel que es nacido de Dios, no practica el pecado, porque la simiente de Dios permanece en él; y no puede pecar, porque es nacido de Dios.

Por causa de esta impartición y participación, el creyente en Cristo se convierte en alguien que posee algo que nunca había tenido: la vida de Dios mismo. La vida eterna del Dios que siempre ha sido es impartida y todo su ser es gobernado con la energía divina de una nueva vida. El nuevo nacimiento es la impartición de una nueva naturaleza con facultades celestiales que produce en el hombre una vida totalmente nueva y lo equipa para vivir en una nueva clase de vida, lo que Pablo le llama, la vida en el Espíritu.

> PARA VIVIR LA VIDA DE DIOS ES NECESARIO SER HECHO PARTÍCIPE DE LA NATURALEZA DE DIOS.

¿Cuál es la naturaleza de esta vida?

La naturaleza de esta vida es diferente a cualquier otra clase de vida. Toda vida tiene su propia naturaleza, y la vida divina tiene la naturaleza de Dios en ella. Pedro nos habla de que hemos sido hechos «*participantes de la naturaleza divina*» (2 Pedro 1:4) y con esta vida la misma naturaleza de Dios ha sido impartida en nosotros. Es una naturaleza diferente a la nuestra, veamos:

Esta clase de vida era lo que diferenciaba a Jesús de otros hombres.

Juan 1:4

En Él estaba la vida…

Esta clase de vida trae consigo mismo una nueva y diferente conciencia. Considera a Jesús, ¿de qué era que él estaba verdaderamente consiente? Él estaba consciente de lo que él siempre estaba hablando.

Juan 10:30

Yo y el Padre uno somos.

Juan 8:29

Porque yo hago siempre lo que le agrada.

Juan 10:25

Las obras que yo hago en nombre de mi Padre.

> JESÚS NO VINO A ENSEÑAR SOBRE LA UNIÓN CON DIOS, SINO A VIVIR UNA VIDA EN PERFECTA COMUNIÓN CON DIOS Y TRAER A LOS HIJOS DE DIOS A ESA MISMA REALIDAD.

Jesucristo vivía en un estado consciente de la unión con el Padre (Juan 17:21). La razón de esto era que la vida misma de Dios estaba en Él. Su vida era una vida consiente de Dios, de una unión perfecta.

El hombre nunca había tenido esta clase de vida, ni aun Adán en el jardín. Jesús vino a regresarnos a esa vida, a Él mismo. Jesús no vino a enseñar sobre la unión con Dios, sino a vivir una vida en perfecta comunión con Dios y traer a los hijos de Dios a esa misma realidad.

Juan 10:10

Yo he venido para que tengan vida, y para que la tengan en abundancia.

Es como decir, la evidencia de esa vida, como cualquier otra clase de vida es el crecimiento y desarrollo. Todo lo que posee vida, crece. La ley de la vida es que está en constante desarrollo. Lo que es cierto en tu jardín de flores, es cierto en los que poseen la vida de Dios. Pablo lo dice de esta manera:

Efesios 4:13-15

Hasta que todos lleguemos a la unidad de la fe y del conocimiento del Hijo de Dios, a un varón perfecto, a la medida de la estatura de la plenitud de Cristo;

*Para que ya no seamos niños fluctuantes, llevados por doquiera de todo viento de doctrina, por estratagema de hombres que para engañar emplean con astucia las artimañas del error, sino que, siguiendo la verdad en amor, **crezcamos en todo en aquel que es la cabeza, esto es, Cristo.***

Poseer esta vida significa que siempre debemos estar creciendo en todo en aquel que es la cabeza, esto es Cristo. Para muchos esta clase de vida es extraña, aunque el día que creyeron la recibieron. El problema es que muchas veces está distorsionada por una cantidad de conceptos e ideas, que su crecimiento es más en cosas que hacen o dejan de hacer los cristianos que en la realidad de lo que en Cristo ahora tienen; una nueva naturaleza, una conciencia diferente, una unión diferente y un constante crecimiento.

Esta es la vida eterna de la cual habla la Biblia, y la cual recibiste el día que creíste en Cristo. En las palabras de 1 Juan 5:12 dice así:

El que tiene al Hijo, tiene la vida; el que no tiene al Hijo de Dios no tiene la vida.

LO QUE ERAS Y QUIÉN ERES

Las definiciones hacen una gran diferencia. «Conocer» y «entender» información, aunque son términos relacionados, no significan lo mismo. Para ambos se necesitan estados mentales distintos que requieren la comprensión cognitiva. Conocer sobre algo es estático, la acumulación de datos informativos, pero, el entendimiento es activo, porque describe la habilidad de analizar y aplicar la información en el contexto necesario, para tener un cuadro más amplio sobre el asunto.

Sin el conocimiento, el entendimiento es imposible. Pero tener conocimiento de algo no significa que lo hemos entendido, el cual es el propósito de acumular información. El entendimiento de un tema es lo que hace posible asimilar y evaluar nueva información para amplificar la forma de ver la vida. A la medida que una persona va entendiendo y aplicando lo que aprende de una manera correcta, es menos probable que se dejen engañar por el lenguaje manipulador, la información incorrecta, o la pura propaganda.

Hay frases en la Biblia que cuando no se entienden correctamente el efecto puede ser devastador. Dos de esos términos son «*el viejo hombre*» y el «*nuevo hombre*». Estos términos tienen la intención de comunicar cómo se considera una persona en relación con la totalidad del orden, a cuál pertenece. Si bien es cierto que la experiencia del que ha nacido de nuevo es individual, su aplicación es mucho más que solo un individuo. Estos términos no hablan de un cambio de naturaleza, sino de un cambio de asociación.

El «viejo hombre» es quien tú eras en Adán. Lo viejo está relacionado a todo lo que está asociado y conectado con una humanidad que está muerta en delitos y pecados sujeta a la angustia y muerte de una vida transitoria, ajenos de la vida de Dios por la ignorancia que en ellos hay, por la dureza de su corazón.

Efesios 4:18

> *Teniendo el entendimiento entenebrecido, ajenos de la vida de Dios por la ignorancia que en ellos hay, por la dureza de su corazón;*

Las dos asociaciones que se presentan en la Biblia (el viejo hombre y el nuevo hombre) son la exacta antítesis de cada uno, por lo tanto, la vida en una de ellas impide la vida en la otra.

Romanos 8:5

> *Porque los que **son de la carne** piensan en las cosas de la carne; pero los que son del Espíritu, en las cosas del Espíritu.*

Romanos 8:9

> *Mas vosotros no vivís según la carne, sino según el Espíritu, si es que el Espíritu de Dios mora en vosotros. Y si alguno no tiene el Espíritu de Cristo, no es de él.*

La identidad del viejo hombre es «la carne» y del nuevo hombre es «el Espíritu». El que no ha nacido de Dios está «en la carne», pero aquel a quien Dios ha engendrado está «en el Espíritu». La Biblia nos enseña que «la carne» y «el Espíritu» son enemigos irreconciliables en dos esferas totalmente diferentes.

Romanos 8:6

> *Porque el ocuparse de la carne es muerte, pero el ocuparse del Espíritu es vida y paz.*

Gálatas 5:17

> *Porque el deseo de la carne es contra el Espíritu, y el del Espíritu es contra la carne; y éstos se oponen entre sí, para que no hagáis lo que quisiereis.*

El pecado de Adán bautizó a toda la raza humana en «la carne».

Génesis 6:3

> *Y dijo Jehová: No contenderá mi espíritu con el hombre para siempre, porque **ciertamente él es carne**; más serán sus días ciento veinte años.*

El concepto de «carne» es prominente en las epístolas paulinas. En general, cuando Pablo se refiere a la carne, se está refiriendo a «toda la existencia física del hombre». Esto no solo incluye el tejido que constituye el cuerpo, sino también las capacidades mentales, las ansiedades internas y la fuerza física de una persona. Para Pablo, el término carne «describe la vida terrenal en su totalidad».

Como resultado de esta manera de pensar, Pablo frecuentemente diferencia entre la vida terrenal de la carne y la vida celestial del Espíritu. La vida terrenal no es intrínsecamente mala u hostil a Dios; simplemente está limitada en su alcance y comprensión. La vida terrenal de la carne carece de toda la información necesaria para tomar decisiones apropiadas acerca de lo que es importante en la vida y cómo entender los eventos de la vida.

Para Dios la carne es:

+ La causa del poder del pecado – Romanos 7:25
+ La debilidad de la ley – Romanos 8:3
+ Enemiga de Dios – Romanos 8:7

Dios no ve nada bueno en «la carne», aun lo mejor que pueda producir el ser humano.

Romanos 7:18

*Y yo sé que, en mí, esto es, en mi carne, **no mora el bien;** porque el querer el bien está en mí, pero no el hacerlo.*

La carne no ofrece nada que sea aceptable para Dios, por lo tanto, Dios solo puede tener una sola actitud hacia la carne, condenación y rechazo.

Romanos 8:8

Y los que viven según la carne no pueden agradar a Dios.

Pero, el nuevo nacimiento (regeneración) abre el camino para el hombre alcanzar la máxima expresión de su creación. En el nuevo nacimiento el Espíritu Santo vivifica el espíritu humano, y lo hace morada para hacer toda nuestra vida, espiritual, celestial y santa.

Es el Espíritu Santo en nosotros el que quebranta el poder del pecado, nos conduce a obedecer la ley del Espíritu de vida y derrama en nosotros el amor de Dios.

Romanos 8:2,4

> *Porque la ley del Espíritu de vida en Cristo Jesús me ha librado de la ley del pecado y de la muerte.*
>
> *Para que la justicia de la ley se cumpliese en nosotros, que no andamos conforme a la carne, sino conforme al Espíritu.*

Romanos 5:5

> *Y la esperanza no avergüenza; porque el amor de Dios ha sido derramado en nuestros corazones por el Espíritu Santo que nos fue dado.*

¡Ya tú no estás en el viejo hombre (Adán), ahora eres una nueva criatura en Cristo!

2 Corintios 5:17

> *De modo que, si alguno está en Cristo, nueva criatura es; las cosas viejas pasaron; he aquí todas son hechas nuevas.*

El viejo hombre y el nuevo hombre es el contraste que Pablo presenta entre Adán y Cristo.

1 Corintios 15:45

> *Así también está escrito: Fue hecho el primer hombre Adán alma viviente; el postrer Adán, espíritu vivificante.*

Toda la humanidad está en el uno o en el otro. Pablo usa estas dos declaraciones de una manera corporativa, indicando que los judíos y los griegos, los circuncidados e incircuncidados están ahora unidos en una nueva humanidad.

Efesios 2:15

> *Aboliendo en su carne las enemistades, la ley de los mandamientos expresados en ordenanzas, para crear en sí mismo de los dos un solo y nuevo hombre, haciendo la paz...*

Colosenses 3:11

> *Donde no hay griego ni judío, circuncisión ni incircuncisión, bárbaro ni escita, siervo ni libre, sino que Cristo es el todo, y en todos.*

DESVÍSTETE DE LO VIEJO

Las metáforas nos ayudan a comprender y a demostrar, pero la realidad es que el efecto más poderoso de ellas es que nos ayudan a cambiar la manera en cómo pensamos a nivel subconsciente. En el artículo titulado, «Why Metaphors Are Important», Melissa Burkley Ph. D., presenta un estudio realizado por Thibodeau y Boroditsky en el 2011. En él, la mitad de los participantes leyeron sobre una ciudad llena de crímenes donde el elemento criminal fue descrito como una bestia que se aprovecha de ciudadanos inocentes (una metáfora animal).

Un grupo separado leyó esencialmente la misma descripción de la ciudad, sólo que describió el elemento criminal como una enfermedad que plagaba la ciudad (una metáfora de la enfermedad).

Más tarde, cuando se les preguntó cómo resolver el problema del crimen, los que leyeron la metáfora animal sugirieron estrategias de control (aumentar la presencia policial, imponer penas más estrictas).

Aquellos que leyeron la metáfora de la enfermedad sugirieron estrategias de diagnóstico o tratamiento (buscar la causa principal de la ola de crímenes, reforzar la economía).

Este estudio muestra que cambiar la metáfora realmente cambió la manera en que los lectores pensaban sobre el tema del crimen. Si era una bestia, necesitaba ser controlada. Si era una enfermedad, había que tratarla.

En Colosenses 3:9-10, Pablo usa una poderosa metáfora para explicar que los que están en Cristo se han despojado del viejo hombre con sus hechos y se han revestido del nuevo.

Colosenses 3:9-10

No mintáis los unos a los otros, habiéndoos despojado del viejo hombre con sus hechos, y revestido del nuevo, el cual conforme a la imagen del que lo creó se va renovando hasta el conocimiento pleno...

La expresión «el viejo hombre» solo aparece tres veces en el Nuevo Testamento y está relacionado con el «Yo» de Gálatas 2:20 y la palabra «pecado» como se usa en Romanos 6.

Efesios 4:22

*En cuanto a la pasada manera de vivir, **despojaos del viejo hombre**, que está viciado conforme a los deseos engañosos...*

Romanos 6:6

*Sabiendo esto, **que nuestro viejo hombre** fue crucificado juntamente con él, para que el cuerpo del pecado sea destruido, a fin de que no sirvamos más al pecado.*

El «viejo hombre» necesita un ambiente que sea consistente con sus deseos e inclinaciones, se deleita en: «todo lo que hay en el mundo, los deseos de la carne, los deseos de los ojos, y la vanagloria de la vida...».

1 Juan 2:16

> *Porque todo lo que hay en el mundo, los deseos de la carne, los deseos de los ojos, y la vanagloria de la vida, no proviene del Padre, sino del mundo.*

Lo único que destrona al «viejo hombre» es ser juntamente crucificado con Cristo. ¡Y este es el gran dilema! El «viejo hombre» puede ser domesticado con reglas religiosas, suprimido viviendo por medio de la ley, educarlo con la sabiduría del mundo, disfrazarlo de hipocresía, pero sigue estando sentado en el trono de la voluntad del hombre y la mujer.

Lamentablemente, el evangelio que muchos conocen los introdujo solamente a la bendición de la salvación, el perdón de sus pecados y a la esperanza de un cielo en el futuro. Así que, sálvese quien pueda, entre el día que nació de nuevo y el día de la muerte. Esto ha producido una inmensa cantidad de creyentes que «sufren su salvación», su vida en Cristo es más parecida a un vagabundeo por el desierto, que entrar a la paz y el descanso en Cristo, el cual es su tierra prometida.

VÍSTETE DEL NUEVO

En el estudio que citamos anteriormente el grupo que leyó la metáfora de animal sugirió estrategias de control mientras que los que la leyeron como una enfermedad sugirieron estrategias de diagnóstico o tratamiento. Si era una bestia, necesitaba ser controlada. Si era una enfermedad, había que tratarla.

Este es precisamente el planteamiento de Pablo en la carta a los efesios. Nos es un asunto de suprimir y controlar sino de saber cuál es la fuente desde donde todo se origina. La esencia de su mensaje es clara: no deben vivir más como los gentiles, su comportamiento debe ser diferente.

Sus lectores sabían por experiencia a lo que él se refería; pues ellos mismos habían sido paganos, y aún vivían en un ambiente pagano. Antes eran paganos y vivían como paganos; ahora eran una nueva criatura y deben vivir como un nuevo hombre.

Si su asociación e identidad había cambiado (ya no estaban en Adán), debían andar en novedad de vida. Su nuevo estado como la nueva familia de Dios implicaba una nueva manera de vivir, y su nueva vida en Cristo se mostraría a través de un nuevo estilo de vida.

Para esto Pablo tiene que establecer un fundamento inconmovible que se manifiesta de dos maneras:

1. *La nueva vida que habían recibido (Efesios 4:17-24)*
2. *A qué se parece esa vida en tiempo real en el comportamiento diario (v. 25 hasta el capítulo 5:4).*

Para Pablo era esencial que sus lectores comprendieran desde el principio el contraste entre lo que habían sido como paganos y lo que ahora eran como hijos de Dios, entre su vida antigua y su nueva vida, y que comprendieran además el fundamento sobre el cual este cambio de naturaleza se había realizado.

Efesios 4:17-24

> *Esto, pues, digo y requiero en el Señor: que ya no andéis como los otros gentiles, que andan en la vanidad de su mente, teniendo el entendimiento entenebrecido, ajenos de la vida de Dios por la ignorancia que en ellos hay, por la dureza de su corazón; los cuales, después que perdieron toda sensibilidad, se entregaron a la lascivia para cometer con avidez toda clase de impureza. Mas vosotros no habéis aprendido así a Cristo, si en verdad le habéis oído, y habéis sido por él enseñados, conforme a la verdad que está en Jesús. En cuanto a la pasada manera de vivir, despojaos del viejo hombre, que está viciado conforme a los deseos engañosos, y renovaos en el espíritu de vuestra mente, y vestíos del nuevo hombre, creado según Dios en la justicia y santidad de la verdad.*

Lo que es inmediatamente notable es como Pablo relaciona la condición de los paganos al factor intelectual. Al describir a los paganos, llama la atención a que tenían un entendimiento entenebrecido, no tienen

conocimiento de la vida de Dios y esto se debe a la ignorancia que hay
en ellos. Pablo identifica 3 características en los paganos:

+ Mentes vacías
+ Comprensión oscura
+ Ignorancia interna

Esta condición los volvió insensibles, licenciosos e inmundos. Pero
en contraste con ellos, los que habían recibido la vida de Dios, habían
aprendido a Cristo, lo habían oído, habían sido enseñados por él, y todo
de acuerdo con la verdad que está en Jesús.

Ante las tinieblas y la ignorancia del pagano, Pablo establece la verdad que está en Jesús, que ellos habían aprendido. ¿Cuál es el origen del
entendimiento entenebrecido de las mentes paganas?

Pablo la identifica diciendo que la causa es la dureza de su corazón.
La palabra original para dureza es «porosis». Era una clase de mármol
y en términos médicos era un «cayo» o «una formación de hueso». Esto
explica el deterioro que ocurre en una persona por causa del mal, por
haber rechazado la verdad de Dios.

Primero viene la dureza de corazón, luego su ignorancia, la cual
oscurece su entendimiento, por causa de esta condición, están ajenos de
la vida de Dios, hasta que finalmente se han vuelto insensibles y se han
entregado a la lascivia para cometer con avidez toda clase de impureza.
Habiendo perdido toda la sensibilidad, las personas pierden el dominio
propio.

No así los que habían recibido la vida de Dios, Efesios 4:20-24:

*«Mas vosotros no habéis aprendido así a Cristo, si en verdad le
habéis oído, y habéis sido por él enseñados, conforme a la verdad
que está en Jesús. En cuanto a la pasada manera de vivir, despojaos del viejo hombre, que está viciado conforme a los deseos
engañosos, y renovaos en el espíritu de vuestra mente, y vestíos del
nuevo hombre, creado según Dios en la justicia y santidad de la
verdad».*

En contra de la dureza del corazón de los paganos, la oscuridad y la imprudencia, Pablo habla de todo un proceso de educación espiritual para los que han creído. Utiliza tres expresiones paralelas que se centran en tres verbos:

Aprender, oír y ser enseñado, con una referencia final a «la verdad que está en Jesús».

Primero, «aprendiste a Cristo», en segundo lugar, «lo escuchaste», en tercer lugar «fuiste enseñado por él». Estas expresiones forman la imagen mental de un aula educativa y se refieren a la instrucción metódica que ellos han tenido. Según Pablo, Cristo mismo es la sustancia de la enseñanza. ¿Qué clase de Cristo aprenden?

No sólo el Verbo hecho carne, el que murió, resucitó y reina. Aún más que eso.

El Cristo que los efesios habían aprendido los llamaba a una vida totalmente diferente a la que ellos habían vivido cuando eran paganos. En segundo lugar, Cristo, que es la sustancia de la enseñanza («aprendisteis a Cristo») y es también el maestro («le oísteis»). Pablo asume que, a través de la voz de los maestros, ellos habían escuchado la voz de Cristo.

Por eso podemos decir que cuando se está dando una enseñanza en la cual Cristo es la sustancia de esa enseñanza, es como si Cristo está enseñando a Cristo. Cuando Jesucristo es el sujeto, el objeto y el ambiente de la enseñanza que se da, podemos tener confianza en que es verdaderamente conforme a la verdad está en Jesús.

El cambio de Cristo a su nombre humano Jesús es importante entenderlo.

Jesús en los días de su carne es la encarnación de la verdad, el mismo dijo que él era la verdad.

¿Cuál es la verdad que está en Jesús? Los versículos 22 al 24 lo explican.

«Aprender a Cristo» es comprender la nueva creación que él ha hecho posible, y la vida completamente nueva que produce. Es nada menos que desvestirnos de nuestra vieja identidad, como un vestido viejo y vestirnos con ropa limpia, la nueva creación recreada a la imagen de Dios.

«*En cuanto a la pasada manera de vivir, despojaos del viejo hombre, que está viciado conforme a los deseos engañosos, y renovaos en el espíritu de vuestra mente, y vestíos del nuevo hombre, creado según Dios en la justicia y santidad de la verdad.*»

¿QUÉ HABÍAN SIDO ELLOS ENSEÑADOS?

Se les había enseñado que convertirse a Cristo implica un cambio radical, lo que llamamos la «conversión» (el lado humano de la experiencia) y la «recreación» (el lado divino).

Esto envuelve despojarse del viejo hombre que está viciado conforme a los deseos engañosos y asume que hay un nuevo hombre que ha sido creado a la imagen de Dios. Y, esto es precisamente lo que Pablo enseña:

- *El viejo hombre, la vieja humanidad*
- *El nuevo hombre, la nueva humanidad creada en Cristo Jesús*

Lo viejo era corrupto, en proceso de degeneración, en camino a la ruina o a la destrucción; lo nuevo ha sido creado conforme a la imagen de Dios. Lo viejo estaba dominado por los deseos, las pasiones incontroladas; lo nuevo ha sido creado en justicia y santidad. Los deseos del viejo eran engañosos; la justicia del nuevo es verdadera.

Así, la corrupción y la nueva creación, la perversión y la santidad, el engaño y la verdad se oponen entre sí, indicando la total incompatibilidad de lo viejo y lo nuevo, lo que fuimos en Adán y lo que somos en Cristo.

En el verso 23 Pablo introduce la necesidad de ser renovados en el espíritu de nuestra mente.

Esto es obvio porque si la degradación pagana se debe a la vanidad de sus mentes, entonces la justicia en Cristo depende de la constante renovación del entendimiento.

Todo esto había sido enseñado a los efesios. Habían sido profundamente arraigados en la naturaleza y las consecuencias de la nueva creación y de la nueva vida. Era parte de la «verdad que es en Jesús» que habían aprendido. Estos versos nos enseñan dos fundamentos sólidos para poder vivir la nueva clase de vida que ellos habían recibido.

Primero, somos una nueva creación y segundo, como consecuencia constantemente renovamos el espíritu de nuestra mente. Las dos están íntimamente relacionadas. Es la nueva naturaleza que nos ha dado una nueva mente, y es la nueva mente la que entiende la nueva creación y sus implicaciones.

Como es una nueva creación—creada según la imagen de Dios en Cristo—debemos despojarnos de todo lo viejo y vestirnos de lo nuevo creado según Dios en la justicia y santidad de la verdad.

Es por causa de esta realidad que Pablo continúa en el verso 25 diciendo:

> *«Por lo cual, desechando la mentira, hablad verdad cada uno con su prójimo; porque somos miembros los unos de los otros.*

Su nuevo comportamiento debe ser completamente coherente con la nueva naturaleza que han recibido y la nueva asociación en la cual están en Cristo.

Capítulo 2

EL FUNDAMENTO DE UNA VIDA VICTORIOSA

El mayor error que cometen los cristianos al experimentar la victoria sobre el pecado es no usar el camino de la victoria para sostenerlo; en vez de eso, tratan de perpetuar la victoria por medio de sus obras y determinación.

—Watchman Nee

EN UNA OCASIÓN, un predicador conversaba con otros sobre las experiencias inconsistentes que tienen muchos creyentes; un día están en victoria y otro día están derrotados, un día se sienten que Dios los ama, pero otros días se sienten que están lejos del Señor, lo más común en ellos es el desánimo y la lucha como una experiencia constante, ante esto el predicador dijo: «*Eso, no es la vida en Cristo, aunque es la experiencia de muchos cristianos*».

Si tuvieras la oportunidad de vivir en una continua victoria, en la cual descubrieras algo mucho mejor que parecerte a Cristo, contar con su ayuda, tener su poder, ser salvo y tener victoria sobre el pecado, ¿estarías en la disposición de recibirla?

Para muchos, aun la idea de que hubiera algo mejor que lo antes mencionado suena extraño. Seamos honestos, la mayor ocupación de gran parte de nosotros ha sido querer parecernos más a Jesús, contar con su ayuda, tener su poder, sentir que somos salvos y, si hacemos lo que debemos, vivir en victoria.

Esta tendencia se alimenta de tres necesidades conscientes:

1. Fluctuaciones en la vida espiritual.

Es una experiencia común en la vida de muchos sentirse como en un éxtasis espiritual donde el sentido de la cercanía a Dios es tan real que es casi tangible, pero también en la misma semana puede experimentar el vacío más profundo.

2. Un sentido de fracaso ante el poder del pecado.

En secreto muchos continuamente luchan con áreas que hace mucho tiempo hubieran querido superar. Están agotados pidiéndole ayuda al Señor para que los libre de semejante derrota y fracaso ante los hábitos y acciones pecaminosas que parecen no poder ser vencidas.

3. Una carencia de poder en la realización del servicio al Señor.

No hay nada más frustrante que «*cumplir con lo que debes*» y no ver el fruto de ese trabajo. Por supuesto que siempre aparecerá de vez en cuando una de esas victorias que se convierte en un testimonio por los próximos 15 años.

El consuelo de muchos es que ese tipo de poder está reservado para un selecto grupo de *«ungidos»* que tienen una *«relación especial con Dios»*. Aun así, no pueden superar la frustración que sienten por la esterilidad en su servicio al Señor.

¿Te identificas con alguna de estas tendencias? ¿Has notado como la mayoría de las cosas que se hacen en muchas congregaciones está dirigida a ayudarles a los creyentes a tener victoria sobre alguna de estas tres necesidades?

Por alguna razón tenemos la ilusión de que, si llega el *«avivamiento»* todo esto será resuelto, para otros lo que falta es *«más oraciones como se hacían antes»*, en versiones más actualizadas, la respuesta está en *«quien es la cobertura»*, y como estas, miles de fórmulas que nos hemos inventado para buscarle respuesta a nuestros dilemas en la vida cristiana. Para el que ha construido su vida y ministerio sobre estas necesidades, la idea de que haya algo más en Cristo, es un atentado contra el conocimiento que tiene de Dios. Después de todo, hay evidencias de que lo que se está haciendo está trabajando. ¿Con relación a qué?

El gran reto de una vida victoriosa no es la falta de *«hacer cosas»* sino la limitada conciencia y profundidad que tenemos de Cristo. Es más fácil estar dispuestos a mejorar nuestro servicio al Señor con más actividades, que aceptar que lo que se necesita es una nueva concepción y revelación de Cristo. Para los que llevamos algún tiempo en esta jornada, esto puede ser un golpe contra el orgullo religioso. Nuestra gran necesidad no es algo que nos falta sino **ALGUIEN** *que no hemos conocido*. No pienses que me estoy refiriendo al inconverso, en realidad no. Muchos han recibido a Cristo como su Salvador, pero no lo han conocido como su propia vida.

Necesitamos un nuevo entendimiento y conciencia de quien es Él. No me refiero a un entendimiento intelectual o la destreza de comunicar efectivamente sus dichos y hechos. Para eso no hay ni que haber nacido de nuevo. Me refiero a algo mucho más que tener un salvador externo, mucho más de tenerlo como alguien que viene a ayudarnos cuando estamos en problemas, que nos da poder, nos fortalece y nos libra de las aflicciones.

Cristo es mucho más que eso. Él está literalmente dentro de ti, y aún más, Él se ha constituido en tu propia vida, tomándote en unión con Él mismo, ligado en tu cuerpo, mente, y espíritu, mientras que tienes tu propia identidad, y completa capacidad de responder a una nueva clase de vida.

¿No es esto mejor que solo tenerlo como alguien que te ayuda? Imagínate tenerlo a Él, el Hijo de Dios como tu **propia vida.**

Esto significa que ya no tendrías que estarle pidiendo que te ayude como si Él fuera alguien separado de ti, más bien sería el hacer su obra, su voluntad, en ti, y a través de ti.

Tu cuerpo es de Él, tu mente le pertenece, tu voluntad es la suya, tu espíritu es de Él y no solo de Él, sino parte de Él. El nuevo entendimiento que necesitamos Pablo lo experimentó en el primer siglo.

Gálatas 2:20

> *Con Cristo estoy juntamente crucificado, **y ya no vivo yo, más vive Cristo en mí;** y lo que ahora vivo en la carne, lo vivo en la fe del Hijo de Dios, el cual me amó y se entregó a sí mismo por mí.*

1 Corintios 6:15

> *¿No sabéis que vuestros cuerpos **son miembros de Cristo?** ¿Quitaré, pues, los miembros de Cristo y los haré miembros de una ramera? De ningún modo.*

1 Corintios 12:12

> *Porque, así como el cuerpo es uno, y tiene muchos miembros, pero todos los miembros del cuerpo, siendo muchos, son un solo cuerpo, así también Cristo.*

Considera que Pablo no dijo para mí el vivir es parecerme a Cristo, o tener la ayuda de Cristo, tampoco servirle a Cristo. Él fue más allá. Es un buen punto de partida. Todos hemos estado ahí. Pero ese no es el destino final. Lo que excede todo conocimiento es poder reclamar que, para ti, el vivir es Cristo. No confundas por favor hacer cosas para Cristo con Él cómo tu propia vida.

> CUANDO NUESTRA VIDA NO SOLO SEA DE CRISTO, SINO CRISTO, EXPERIMENTAREMOS LA VIDA QUE VENCE.

¿Significa esto que cuando has recibido a Cristo como tu propia vida, no pecarás ni tendrás dificultades?

De ninguna manera. Cristo como nuestra vida no es un estado de inmutabilidad, sino la realidad que cuando fracasamos en la vida, su restauración, es instantánea y completa. He aprendido que cuando me rindo incondicionalmente a Él, no hay necesidad de luchar contra el pecado, sino una completa liberación del poder y el deseo de pecar. Esto no son episodios esporádicos de grandes hazañas espirituales luego de 40 días de oración, sino la sostenible e inquebrantable vida reinante de Cristo en mí. Cristo quiere ser más que tu ayudador, Él quiere ser tu propia vida. Él no quiere que trabajes para Él, Él quiere hacer su obra a través de ti.

Cuando nuestra vida no solo sea de Cristo, sino Cristo, experimentaremos la vida que vence. Una vida donde el fruto es natural —entrarás a un nuevo ministerio, el ministerio donde Él les sirve a los otros a través de ti— más que resultados tendrás una evidencia de vida, solo porque confías en Él, tus obras son el resultado de su propia vida, no por condiciones u obligaciones sino la expresión de su vida en ti.

Las condiciones para recibir a Cristo como la plenitud de la vida que vence son dos:

1) *Ríndete absoluta e incondicionalmente a Cristo.*

Hazlo el Señor de todo lo que eres y todo lo que tienes. Dile a Dios que estás listo(a) para que su voluntad sea hecha en ti, en cada área de tu vida.

2) *Cree que Dios te ha librado totalmente de la ley del pecado.*
Romanos 8:2

> *Porque la ley del Espíritu de vida en Cristo Jesús me ha librado de la ley del pecado y de la muerte.*

No es que te librará, sino que te libró. Eso es fe, creer que lo que Él ha dicho y hecho es verdad.

La fe confía en Dios ante la ausencia de sentimientos o evidencias.

Ya, él lo dijo, su gracia es suficiente, y lo que ahora puedas estar viviendo, lo podrás vencer en Cristo. Nunca olvides que Cristo mismo es mejor que sus bendiciones, mejor que su poder, o una victoria, o un ministerio. Cristo te imparte poder espiritual, pero Cristo es mejor que ese poder.

> CRISTO JESÚS SE HIZO COMO NOSOTROS PARA QUE NOSOTROS PUDIÉRAMOS SER COMO ÉL.

Ríndete a Él totalmente, porque ya no vives tú sino Cristo en ti, quien es tu propia vida.

Hechos 17:28

Porque en él vivimos, y nos movemos, y somos; como algunos de vuestros propios poetas también han dicho: Porque linaje suyo somos.

LA UNIÓN DE LO HUMANO CON LO DIVINO

Cristo Jesús se hizo como nosotros para que nosotros pudiéramos ser como Él. En la encarnación se unió lo divino con lo humano para que en la regeneración se uniera lo humano con lo divino.

El día que naciste de nuevo algo maravilloso sucedió, el Espíritu Santo te impartió una nueva naturaleza que hizo posible que fueras hecho uno con Cristo eternamente y para siempre.

1 Corintios 6:17

Pero el que se une al Señor, un espíritu es con él.

Es por causa de esa perfecta unión que el que ha nacido de Dios, tiene al Cristo glorificado viviendo en él o ella, en tiempo real. Cristo se ha convertido en la Vida de su vida de tal forma que podemos decir lo que Pablo dijo: «*Porque para mí el vivir es Cristo y el morir es ganancia*» (Filipenses 1:21).

Desde ese momento se inicia una transformación que tiene como objetivo y meta final la madurez y la conformidad de nuestra vida a su perfecta vida. Una nueva vida sobrecoge nuestras mentes, nuestros corazones, nuestras voluntades para que, a través de nuestra vida, haya una expresión real de Cristo en nosotros. De primera mano esto parece una imposibilidad cuando la comparamos con nuestras realidades humanas. Como Nicodemo nos preguntamos, «*¿Cómo puede hacerse esto?* La pregunta es lógica a la luz de las experiencias que se viven a diario.

La cantidad de posibilidades que se pueden considerar como un obstáculo para vivir esta clase de vida son infinitas. Y no es para menos. Sin embargo, el Señor no solo quiere vivir su vida a través de nosotros, sino que también nos dice cómo lo hará posible.

Romanos 5:10

> *Porque si siendo enemigos, fuimos reconciliados con Dios por la muerte de su Hijo, mucho más, estando reconciliados, seremos salvos por su vida.*

Su última conversación con los discípulos nos revela como Él pretende vivir su vida en nosotros. Él, les dijo a sus discípulos que Él ya no estaría con ellos, lo cual provocó una inquietud en los discípulos sobre cómo podrían ser sus verdaderos discípulos si Él ya no estaría presente. La conversación tenía la intención de asegurarles de que Él estaría con y en ellos en presencia espiritual, mucho más real que la relación que ellos habían tenido con Él hasta ese momento. Él les aseguró que la misma vida que estaba en Él cómo la vid, fluiría a través de ellos como los pámpanos.

Juan 15:5

Yo soy la vid, vosotros los pámpanos; el que permanece en mí, y yo en él, éste lleva mucho fruto; porque separados de mí nada podéis hacer.

Esta declaración se convirtió en una oración para el Señor en sus días finales.

Juan 17:23

Yo en ellos, *y tú en mí, para que sean perfectos en unidad, para que el mundo conozca que tú me enviaste, y que los has amado a ellos como también a mí me has amado.*

Juan 17:26

*Y les he dado a conocer tu nombre, y lo daré a conocer aún, para que el amor con que me has amado esté en ellos, **y yo en ellos.***

«*Yo en ellos*», tres simples palabras con un poder y significado trascendental. La oración revela el profundo deseo y pasión del Señor para con los suyos. *Cristo desea vivir su vida a través de tu vida.*

Esta gloriosa verdad está entretejida en el ministerio y experiencia del apóstol Pablo. Para Pablo no había una razón más poderosa para entregar la vida al servicio de Cristo que saber que Cristo estaba viviendo su vida en y a través de él (Gálatas 2:20; Filipenses 1:21)

Para Pablo no había otra pasión, otra razón, otro motivo. Cristo no era una nota al pie de la página, era el todo de su vida y su propia vida. Lo que lo transformó a Él, se convirtió en el mensaje a las iglesias. Cristo no era un tema de predicación, Cristo era la predicación. Él predicaba a Cristo, no sobre Cristo.

Gálatas 1:15-16

*Pero cuando agradó a Dios, que me apartó desde el vientre de mi madre, y me llamó por su gracia, revelar a su Hijo en mí, **para que yo le predicase entre los gentiles...***

Como dice el apóstol Lucas Márquez, el predicador del Nuevo Pacto es monotemático, su predicación es un solo tema, Cristo. En Pablo esto era evidente y debería serlo para nosotros. Un sondeo de sus epístolas revela con letras mayúsculas esta verdad en sus escritos.

Colosenses 1:27

*A quienes Dios quiso dar a conocer las riquezas de la gloria de este misterio entre los gentiles; **que es Cristo en vosotros, la esperanza de gloria.***

Las necesidades y problemáticas de las iglesias a las cuales él les escribió pueden haber sido distintas pero la forma de responder y tratar con cada una de ellas fue la misma: Cristo. Tenía una sola meta, aunque haya incorporado diferentes estrategias, *que Cristo sea formado en todos y en cada uno que escucha el mensaje del Evangelio.*

Gálatas 4:19

*Hijitos míos, por quienes vuelvo a sufrir dolores de parto, **hasta que Cristo sea formado en vosotros,***

Colosenses 1:28

A quien anunciamos, amonestando a todo hombre, y enseñando a todo hombre en toda sabiduría, a fin de presentar perfecto en Cristo Jesús a todo hombre;

Esta formación es un proceso de toda la vida, que se inicia cuando aceptamos a Jesús como el Salvador, nos sometemos a Él como el Señor soberano de una nueva creación, y nos apropiamos de Él cómo nuestra propia vida. La vida cristiana no es meramente una vida convertida o consagrada, sino que es la vida de Cristo siendo expresada. Cristo se convierte en el todo en todo. Es el centro desde donde la vida se vive.

Colosenses 3:4

Cuando Cristo, vuestra vida, se manifieste, entonces vosotros también seréis manifestados con él en gloria.

Si fuéramos a resumir nuestra historia espiritual se podría decir con dos frases: «Él en nosotros, y nosotros en Él». Para Dios esta unión perfecta entre Cristo y el creyente es de tal manera, que, así como Cristo está sentado en lugares celestiales y en la tierra, así también el creyente está en la tierra y en lugares celestiales. La Iglesia sin Cristo es un cuerpo sin cabeza. Cristo sin la Iglesia es una cabeza sin cuerpo. La plenitud de la cabeza es para el cuerpo y el cuerpo es la plenitud de aquel que todo lo llena en todo.

Efesios 1:22-23

Y sometió todas las cosas bajo sus pies, y lo dio por cabeza sobre todas las cosas a la iglesia, a cuál es su cuerpo, la plenitud de Aquel que todo lo llena en todo.

¿CÓMO SE VIVE ESTA CLASE DE VIDA?

La realidad es que es humanamente imposible. Tratar de vivir esta clase de vida en nuestra propia fuerza y poder es un fracaso garantizado. No hay fórmulas, no hay caminos cortos. Para vivir esta clase de vida el Padre nos dio el Espíritu Santo en el cual hay una amplia provisión para que crezcamos en conformidad a la imagen del Hijo y para una continua renovación de la vida de Cristo en nosotros. Es el Espíritu Santo el que trae la plenitud de la vida de Cristo desde lo celestial a la vida en la tierra.

2 Corintios 3:18

Por tanto, nosotros todos, mirando a cara descubierta como en un espejo la gloria del Señor, somos transformados de gloria en gloria en la misma imagen, como por el Espíritu del Señor.

Efesios 3:16-17

Para que os dé, conforme a las riquezas de su gloria, el ser fortalecidos con poder en el hombre interior por su Espíritu; para que habite Cristo por la fe en vuestros corazones, a fin de que, arraigados y cimentados en amor,

Efesios 3:19

Y de conocer el amor de Cristo, que excede a todo conocimiento, **para que seáis llenos de toda la plenitud de Dios.**

Este es el fundamento de la vida victoriosa.

Capítulo 3

DESDE UNA NUEVA PERSPECTIVA

Enfocarse en Dios en el momento presente es un antídoto
contra la autocompasión y la desesperación. Le da a
uno una visión más clara, coraje y energía para enfrentar
los problemas de la vida. Tal enfoque ayuda a uno a
evitar hasta la más pequeña tensión, enojo y amargura.
La atención a la presencia de Dios los disuelve. Puedo
ayudar a otros porque no estoy enfocado en mí mismo.

—GLEN ARGAN

C UANDO LLEGUÉ A la ciudad de Orlando, Florida, hace 35 años, nunca pensé que mi vida cambiaría tan drásticamente. Siempre tuve el sueño de ser un jugador de béisbol de grandes ligas y desarrollar mi actividad en el deporte. Pero ¡qué sorpresa! Dios tenía planes conmigo que yo desconocía. Él tenía algo mejor que un bate y una bola, quería darme de su propia vida y elevarme a un nuevo entendimiento de la razón de mi existencia.

Alcanzar un nuevo nivel de entendimiento para redescubrir quienes somos requiere la renovación del entendimiento. Entender el origen de algo para solucionar un problema es indispensable si se quiere que el resultado sea el correcto. Con relación a esto Albert Einstein, dijo: «Ningún problema se puede resolver en el mismo nivel de pensamiento que se formó».

Eso significa que cualquier situación o condición para ser verdaderamente resuelta requiere una reconfiguración de la forma original en la cual se pensó. Tiene que haber una renovación del entendimiento.

La mente es lo que contiene el registro histórico de la vida que se vive en el alma. El alma es la vida biológica del ser humano con la cual tú y yo nacimos en el planeta. Está clase de vida en la Biblia se identifica como natural y se sostiene por una cantidad de años, nuestra existencia en la tierra.

Esta vida natural o almática es profundamente influenciada por sensaciones externas y emociones internas que registran experiencias que se instalan en nuestro ser consciente y en nuestra memoria histórica, o lo que los estudiosos en la vida del alma (psicología) le llaman el subconsciente.

Todos nuestros problemas en el planeta tienen su génesis en esta dimensión de la vida humana.

Nuestras respuestas
Nuestras decisiones
Nuestra interpretación de los asuntos
Nuestra manera de responder a los retos de la vida

Los problemas pueden ser multiformes y tienen la capacidad de detener nuestro progreso. Muchas personas se sienten estancados en su desarrollo en muchas áreas de su vida, incluyendo estancamiento espiritual.

Estar tratando con sus propias luchas internas, las situaciones de otros, frustraciones personales y conflictos irresueltos han causado que muchos hayan puesto su mirada en ellos mismos y en las cosas del mundo: ESE ES EL PROBLEMA.

> LA MENTE ES LO QUE CONTIENE EL REGISTRO HISTÓRICO DE LA VIDA QUE SE VIVE EN EL ALMA.

Cuando algo está más cerca de nosotros de lo que debe de estar perdemos perspectiva y como resultado no vemos el camino. Cuando algo está fuera de proporción el enfoque no es el correcto y las decisiones no son las mejores. Muchas de las malas decisiones se deben a que perdimos la perspectiva con relación a algo o alguien.

Cuando algo está fuera de proporción creemos que es el todo, no vemos otra cosa, creemos que es lo más importante y lo único. Hacemos de una parte el todo. Esto sucede en todas las áreas de la vida.

Puedes hacer tu negocio el todo, cuando es solo una parte de tu vida.

Puedes hacer un aspecto del evangelio el todo, cuando es solo una parte de algo más grande.

Puedes hacer de tu familia el todo cuando es solo un medio para algo mayor.

Puedes hacer de tu problema una obsesión y consumirte en el cuándo es una minúscula parte de la vida.

La pérdida de perspectiva y proporción de las cosas es la verdadera causa de muchos problemas y lo que ha detenido el desarrollo espiritual de muchos. ¿Por qué te estoy diciendo esto? Por dos razones:

1. *Necesitamos tener una visión mucho más amplia de nuestros problemas personales y verlos como se relacionan con el todo para no hacer los problemas el todo.*
2. *Necesitamos una reapreciación de la inmensidad y de la grandeza de Cristo. La grandeza a la cual hemos sido llamados es la grandeza de Cristo.*

La Biblia es la historia de Dios y el hombre; todo lo que lees en la Biblia está relacionado a eso. La Biblia comienza con Dios y 26 versos más adelante introduce al hombre. La historia humana comienza con Dios—Dios mismo iniciando todo —Dios en acción causando que lo que Él siempre ha querido que se haga una realidad. Esto es un principio a través de toda la Biblia:

Lo que Dios quiere lo inicia. Lo que Dios se propone lo logra. Lo que Dios ha establecido se hace una realidad. La mente de Dios se revela en sus acciones. En otras palabras, Él habla en lo que hace. Los primeros dos capítulos del Génesis nos muestran a Dios preparando todo para el hombre.

Cuando hizo toda la preparación y creó al hombre dijo: Por ahora ya no hay nada más que hacer. Podemos descansar.

Génesis 2:2

> *Y acabó Dios en el día séptimo la obra que hizo; y reposó el día séptimo de toda la obra que hizo.*

Dios descansó cuando el hombre fue introducido al lugar que él había preparado para el hombre. Eso que estaba sucediendo con Adán en Génesis, Pablo nos dice en Romanos 5:14, que aquello era una sombra, prototipo, figura, un modelo de aquel que había de venir.

«No obstante, reinó la muerte desde Adán hasta Moisés, aun en los que no pecaron a la manera de la transgresión de Adán, el cual es figura del que había de venir».

Aquel que había de venir es en quien Dios finalmente encontraría su completo descanso. Todos los intereses de Dios están centrados en la humanidad no en cosas. Ninguna cosa para Dios es un fin en sí mismo. La finalidad de todo lo que Dios hace es para conformar a sus hijos a la imagen de su Hijo. Pero como sabes, el primer hombre falló y rechazó a Dios.

Aquel fallo incorporó lo que Dios se había propuesto en sí mismo desde antes de la fundación del mundo. Dios se había propuesto que en el cumplimiento del tiempo el mismo vendría y lo reconciliaría todo en Cristo. Todo apuntaba a una nueva humanidad.

Toda esa historia está representada en el Viejo Testamento hasta que llegamos al Nuevo Testamento. El Nuevo Testamento introduce al lector a lo que se parece una humanidad que vive en armonía, reconciliada y en comunión con Dios por medio de su Hijo.

Jesús encarna esta realidad en sus días, y modela a que se parece un hombre y una mujer cuando son gobernados por Dios. Con la venida de Jesucristo se introdujo una humanidad totalmente diferente. Si entiendes esto, tendrás una nueva manera de ver y entender tu vida en Cristo y descubrirás que la Biblia es mucho más que un libro de doctrinas y de historias y se convertirá en la revelación de Cristo. Toda la Biblia es la revelación de Jesucristo.

Lucas 24:27

> *Y comenzando desde Moisés, y siguiendo por todos los profetas, les declaraba en todas las Escrituras lo que de él decían.*

Ahora bien, ¿cómo se hace esto una realidad en nosotros? La respuesta bíblica es siendo regenerados. La palabra que se usa en el Nuevo Testamento para describir el nacer de nuevo es la palabra regeneración.

Esta palabra aparece solo dos veces en la Biblia, Tito 3:5, y Mateo 19:28, pero abarca temas de vital importancia para nosotros. Según el Easton Bible Dictionary, esta palabra significa literalmente «nuevo nacimiento». La palabra griega es *palingenesia* y es utilizada por los escritores clásicos con referencia a los cambios producidos por el retorno de la primavera.

En Mateo 19:28 la palabra equivale a la «restitución de todas las cosas» (Hechos 3:21). En Tito 3:5 denota ese cambio de corazón del que se habla en otras partes como un paso de la muerte a la vida (1 Juan 3:14); convertirse en una nueva criatura en Cristo Jesús (2 Corintios 5:17); nacer de nuevo (Juan 3:5); una renovación de la mente (Romanos 12:2); la resurrección de los muertos (Efesios 2:6); un ser vivificado (Efesios 2:1; Efesios 2:5).

Según la International Standard Bible Encyclopedia, la regeneración implica no solo una adición de ciertos dones o gracias, un fortalecimiento de ciertas buenas cualidades innatas, sino un cambio radical, que revoluciona todo nuestro ser, contradice y supera nuestra vieja naturaleza, y coloca nuestro centro de gravedad espiritual totalmente fuera de nuestros propios poderes en el ámbito de lo que Dios ha hecho.

La regeneración es una «obra sobrenatural del Espíritu Santo» y la forma en como la vida divina nos es impartida (Juan 3:3-8; Tito 3:5). La regeneración es el cambio más dramático en un nuevo creyente; cuando «nace de lo alto» entra a la familia de Dios.

LA RESURRECCIÓN, PRERREQUISITO DE LA REGENERACIÓN

La resurrección de Jesús fue el requisito previo para la regeneración. Usando la ilustración de un grano de trigo, Jesús explicó que tenía que morir y volver a la vida para poder dar mucho fruto (Juan 12:24). Se refería a su propia muerte y resurrección, que serviría como el prototipo fructífero de «muchos hermanos» (Romanos 8:29) experimentando la vida desde la muerte espiritual.

Romanos 6:4-5

Porque somos sepultados juntamente con él para muerte por el bautismo, a fin de que como Cristo resucitó de los muertos por la gloria del Padre, así también nosotros andemos en vida nueva. Porque si fuimos plantados juntamente con él en la semejanza de su muerte, así también lo seremos en la de su resurrección;

Los cristianos son «resucitados con Cristo» (Col. 2:12; 3:14), pasando «de muerte a vida» (Juan 5:24; I Juan 3:14). Así es que Pedro puede declarar que «Dios nos ha hecho nacer de nuevo a una esperanza viva por medio de la resurrección de Jesucristo de entre los muertos» (I Pedro 1:3), evidenciando el prerrequisito de la histórica resurrección de Jesús, con la cual nos identificamos espiritualmente en la regeneración.

Jesús le explicó a Marta: «Yo soy la resurrección y la vida; el que cree en mí, aunque muera, vivirá» (Juan 11:25). La vida del Señor Jesús resucitado, la vida de resurrección de Jesús se convierte en la base de la vida espiritual de los que han nacido de Dios.

CUATRO CARACTERÍSTICAS DE LA VIDA DE DIOS

I. Su naturaleza está contenida en su vida, su ADN.

¿Cuál es su naturaleza? Su naturaleza es amor, justicia, paz, todo lo que describe el carácter de Dios es parte de su naturaleza. Todo eso está en la vida. Así como en tu vida humana está la naturaleza humana.

2 Pedro 1:4

> *...para que por ellas llegaseis a ser participantes de la naturaleza divina.*

La naturaleza humana desarrolla hábitos, y esos hábitos se convierten en tu carácter.

La naturaleza tiene instintos, impulsos, motivaciones y sentimientos. A la medida que desarrollamos nuevos hábitos, esos hábitos se convierten en nuestro carácter. El carácter de Cristo formándose en nosotros.

II. Esto es una vida increada.

La vida de Dios no es creada. No tiene un principio y no tiene fin. Por lo tanto, es eterna. Ese es el otro término que se usa para describir la vida de Dios en el Nuevo Testamento. Cristo es vida eterna. La vida de Dios es eterna. Es Dios mismo. No puedes separar la persona de la vida. Tú no te puedes separar de tu vida.

III. Esta vida nunca cambia.

Es la misma independientemente de tiempo, raza, y cultura. La vida de Dios es la misma en un africano como lo es en un colombiano. Puede sonar diferente, pero la puedes identificar y decir, ¡ah! *esa es la naturaleza de Dios.*

IV. Es indestructible.

La muerte no la puede destruir. Hebreos 7:16 dice:

...no constituido conforme a la ley del mandamiento acerca de la descendencia, sino según el poder de una vida indestructible.

La vida de Dios es inmortal. No puede morir. Esta es la razón por la cual en Hechos 2:24 cuando Pedro está predicando el día de Pentecostés, dice:

«Al cual Dios levantó, sueltos los dolores de la muerte, por cuanto era imposible que fuese retenido por ella». La vida divina es indestructible. Y, eso es lo que tenemos en nosotros».

La regeneración es lo que hace posible que Dios tenga ahora una nueva humanidad, que porte su imagen, y ejerza su autoridad en la tierra. Todo lo que pertenece a esa nueva humanidad, tú y yo no lo podemos producir, por más que queramos, por más que oremos, por más que tratemos solo se encuentra en Cristo. Cristo es el REPRESENTANTE PERFECTO de esa nueva humanidad.

> TODA LA RAZA HUMANA SE ENCUENTRA EN UNO DE DOS HOMBRES, O ESTÁ EN ADÁN O ESTÁ EN CRISTO.

Toda la raza humana se encuentra en uno de dos hombres, o está en Adán o está en Cristo. Si está en Adán es «viejo hombre» si está en Cristo es «nuevo hombre» y es parte del nuevo hombre creado según Dios en la justicia y santidad de la verdad. (Efesios 4:24)

Cristo es la cabeza representativa de la nueva creación y todo lo que Dios está haciendo es conformar a los que han recibido su vida, los que han nacido de lo alto, los que han sido regenerados, a la imagen de su Hijo.

Esto te responde a la pregunta, ¿qué está haciendo Dios contigo como parte de esa nueva humanidad? Él te está conformando a la imagen de su Hijo, por medio de un proceso de transformación.

Romanos 8:29

Porque a los que antes conoció, también los predestinó para que fuesen hechos conformes a la imagen de su Hijo, para que él sea el primogénito entre muchos hermanos.

Conformar viene del griego, *summorfós* (Concordancia Strong 4832) y significa tener la misma forma que otro, similar, semejante a.

Ser hechos conformes a la imagen del Hijo es un proceso condicional y progresivo. En otras palabras, cada etapa del proceso tiene condiciones que permiten o impiden proceder a la próxima etapa. Somos hijos en virtud que renacimos por la palabra de vida, somos hechos conforme a la imagen del Hijo por un proceso de toda la vida. Este proceso nos lleva de un estado de inmadurez a la madurez.

Todos en Cristo iniciamos en un estado de inmadurez espiritual y se nos exhorta a llegar a la madurez. Este proceso de inmadurez a madurez espiritual no es automático y está compuesto por diferentes factores.

¿Porque comprender esto es importante? Porque si hay algo que te va a mantener con esperanza en medio de las luchas, pruebas, aflicciones y sufrimientos es saber que Dios se ha propuesto algo contigo que es más grande, poderoso y extraordinario que lo que puedas estas enfrentando y eso es: *hacerte conforme a la imagen del Hijo.* Esa intención ya estaba determinada por el Padre, antes que nacieras, antes que entraras a la prueba, antes de que ni siquiera te imaginaras por lo que has tenido que pasar, Pablo lo describe así:

Romanos 8:28-29

> *Y sabemos que a los que aman a Dios, todas las cosas les ayudan a bien, esto es, a los que conforme a su propósito son llamados. Porque a los que antes conoció, también los predestinó para que fuesen hechos conformes a la imagen de su Hijo, para que él sea el primogénito entre muchos hermanos.*

Considera que todas las cosas le ayudan a bien…

Ayudan: [synergeō G4903] Sinergia, la interacción de los elementos que cuando se combinan producen un efecto total que es mucho más grande que la suma de las partes individuales. La raíz de la palabra implica compañero en el trabajo. El texto está diciendo que todas las

cosas que están interactuando, cuando se combinan el efecto de la
suma total de las partes es bueno.

Bien: [agathos G18] Buena constitución o naturaleza, usable, exce-
lente, distinguido, vertical, honorable.

Todo esto que está trabajando y está produciendo sucede en un grupo de personas muy particulares los que son llamados conforme a su
propósito.

Propósito = [Prothesis G4286] El establecimiento de algo para ser
mostrado.

Dios usa todas las cosas que están interactuando y que cuando se
combinan la suma total de lo que producen son usables verticales, excelentes, y honorables.

Entre la intención (propósito) y la manifestación de lo que se quiere
mostrar hay un proceso.

Si esto es así entonces lo bueno de la prueba no es lo que estamos
pasando—sino lo que Dios logra en nosotros por medio de la prueba—
conformarnos a la imagen de su hijo.

Cuando perdemos esto de vista lo que se supone que ayudara a bien,
(el bien siendo ser conformados a la imagen del Hijo, no la prueba), la
prueba se convierte en una tumba. Piensa cual ha sido su actitud a través de las pruebas, sufrimientos y aflicciones que ha tenido que enfrentar en su vida. Si lo único que tienes en mente cuando enfrentas una
prueba es cuando vas a salir de ella y no que Dios está haciendo algo en
ti a través de esa presente condición, abortarás lo que Dios quería hacer
porque abandonaste el proceso de conformidad.

Yo no sé qué tú estás pasando o las condiciones en las cuales el Señor
te ha puesto, lo único que yo sé es que a través de esas condiciones él va
a desarrollar en ti las características de su Hijo. Esta es una nueva forma de interpretar tu vida, es una nueva perspectiva.

Capítulo 4

COMO EL ÁGUILA

Que te remontes en alas de águila, muy
por encima de la locura del mundo.

—Jonathan Lockwood Huie

EN MUCHAS OCASIONES la naturaleza proporciona un espejo del hombre y su unión con Dios. De esa manera nos ayuda a comprender principios necesarios que clarifican lo que Dios ha hecho con los suyos.

Deuteronomio 32:11-12

> *Como el águila que excita su nidada, revolotea sobre sus pollos, extiende sus alas, los toma, los lleva sobre sus plumas, Jehová solo le guió, y con él no hubo dios extraño.*

Aquellos a quienes Moisés escribía tendrían poca dificultad en imaginarse a un águila y su cuidado de la cría, y el paralelo del cuidado de Dios por su pueblo. De la misma manera, tampoco tendríamos dificultad en comprender la analogía. Ciertamente no está más allá de nuestra imaginación. Sin embargo, con todas las obvias comparaciones que se nos ocurren, sería bueno que nos detuviéramos y examináramos cuidadosamente algunos ejemplos específicos.

El águila de los tiempos bíblicos es la especie conocida en la zona de Israel, Palestina, como el «Águila real o Águila imperial». A través de los tiempos, el águila ha sido utilizada como un símbolo de fuerza, belleza, autoridad y libertad.

Cuando pensamos en el águila, imaginamos un ave fuerte, volando en libertad. Esta ave es el mejor ejemplo para representar la calidad de vida que Dios quiere para sus hijos. Lo primero que quiero que consideres es el color dorado del águila real. En la Escritura, el color oro tiene un significado muy especial, nos habla de la naturaleza divina.

> *El apóstol Pedro declaró que «nos ha dado preciosas y grandísimas promesas, para que por ellas llegaseis a ser participantes de la naturaleza divina» (2 Pedro 1:4).*

Por este texto comprendemos que Dios dijo que Él iba a preparar un pueblo que tendría su misma naturaleza, su misma esencia: «Si yo soy del cielo, ellos serán del cielo», «Si yo vivo en las alturas, ellos habitarán en las alturas». Todo lo que Dios hace, lo hace compatible con su naturaleza. Por eso, estamos en unión con Dios por medio de Jesucristo. Dentro de ti hay una naturaleza que se puede identificar con el Padre, que no necesita nada externo. Así como el águila no necesita que nadie la motive a volar, porque esa es su naturaleza para alcanzar las alturas, debemos vivir conforme a la naturaleza de la cual en Cristo somos partícipes.

Es importante entender que esta misma declaración acerca de la naturaleza divina, elimina inmediatamente el pensamiento panteísta que considera a todo «Dios» o parte de «Dios». El texto nos indica que la promesa es llegar a ser participantes de la naturaleza divina, no que somos dioses. La referencia es al carácter de Dios y lo que significa es que todos los que nacen de nuevo participan de la misma naturaleza o carácter de Dios, porque «han huido de la corrupción que hay en el mundo a causa de la concupiscencia». (2 Pedro 1:4)

> DENTRO DE TI HAY UNA NATURALEZA QUE SE PUEDE IDENTIFICAR CON EL PADRE, QUE NO NECESITA NADA EXTERNO.

Tal vez consideras que esto es imposible, y que además debes tratar de lograrlo en tus propias fuerzas. Sin embargo, el mismo que lo invita a elevarse le provee el medio para que pueda lograrlo. Él ha depositado en ti un tesoro de recursos que lo sacan de lo común y ordinario, y lo colocan en las filas de los vencedores. Es aquí donde comienza nuestra experiencia en la participación de la naturaleza divina. Nuestra unión inseparable con Dios por medio de Jesucristo exige de nosotros la manifestación de quienes verdaderamente somos en Él. Esta manifestación es resultado de saber quiénes somos y el potencial que Él nos ha dado.

El apóstol Juan explica las manifestaciones particulares de comportamiento que deben ser indicativas de uno que ha sido regenerado, ha llegado a participar de la naturaleza divina y ha recibido la vida de Dios en su interior:

1 Juan 2:29

Si sabéis que él es justo, sabed también que todo el que hace justicia es nacido de él.

Los resultados de la regeneración serán la expresión del carácter de Dios en el comportamiento del hombre. La intención de Dios en la impartición de su vida en el hombre a través de la obra de su Hijo Jesucristo fue que el hombre pudiera funcionar como Dios originalmente lo había planeado al permitir que la vida y el carácter de Dios se expresaran en la conducta del hombre para la gloria de Dios. Solo cuando la vida de Dios es «traída a la existencia de nuevo» por la regeneración espiritual en el hombre, la dinámica divina está presente en el hombre por medio de la cual Él puede derivar de Dios y expresar su carácter. La regeneración es necesaria si el hombre va a ser el hombre como Dios quiere que sea.

> EN SU ETERNO AMOR Y MISERICORDIA, DIOS INCORPORA EL RESCATE DE AQUEL SER CAÍDO PARA RESTAURARLO A SU PROPÓSITO ORIGINAL.

El apóstol Pablo también declaró que los que han recibido la abundancia de la gracia y el don de la justicia, reinarán en vida por medio de Jesucristo.

La naturaleza de algo produce expectativas. Nadie espera ver a un águila comportándose como una gallina, o a un caballo comportándose como una vaca. En el diseño original de Dios para el ser humano es que fue creado para ser fructífero, multiplicarse, llenar la tierra y gobernar sobre ella (ver Génesis 1:28). Esta expectativa del Creador hacia el hombre era muy natural, porque debería responder a la naturaleza para la cual fue creado. Los peces nadan, las aves vuelan, los perros ladran y el hombre gobierna. ¡Elévate!

La historia nos enseña que aquel propósito original fue interrumpido, pero no cambiado. Dios se había propuesto en sí mismo crear una clase semejante a Él, que lo representara y que compartiera su propia naturaleza y gobernara en el planeta que Él había creado. El hombre falla en su primera prueba de gobierno, peca y distorsiona la gloriosa imagen que Dios había puesto en él.

En su eterno amor y misericordia, Dios incorpora el rescate de aquel ser caído para restaurarlo a su propósito original. Aquella restauración causaría que Dios mismo viniera al mundo en la persona de Jesucristo para pagar el precio de su rescate y modelar cómo vivir en esa nueva naturaleza, como resultado de haber recibido la vida de Dios.

En los Evangelios se registra la demostración divina y el ejemplo máximo de la expectativa del Creador hacia sus hijos. Cristo, en los días de su carne, vivió al máximo el propósito original del Padre, cancelando así la derrota del primer Adán y su efecto sobre nosotros.

UN MODELO PARA REPRODUCIR

En el evangelio según Juan se presenta como Jesús vivió su vida en la tierra.

El Hijo vive por la vida del Padre – Juan 5:26; 6:57
El Hijo comparte y expresa la gloria del Padre – Juan 13:31-32; 17:4-5
El Hijo está en el Padre y el Padre en el Hijo – Juan 1:18; 14:10
El Hijo refleja al Padre en sus palabras y obras – Juan 12:49; 14:9
El Padre glorifica al Hijo – Juan 1:14; 8:50,54; 12:23
El Hijo exalta el Padre – Juan 7:18; 14:13; 17:1

Lo que fue cierto para el Hijo lo es igualmente cierto para los hijos. Todos los tratos de Dios en tu vida tienen como finalidad conformarte a la imagen de su Hijo el cual por causa de la resurrección de los muertos ha sido hecho un espíritu vivificante (que da vida). 1 Corintios 15:45-49:

> Así también está escrito: Fue hecho el primer hombre Adán alma viviente; el postrer Adán, espíritu vivificante. Mas lo espiritual no es primero, sino lo animal; luego lo espiritual. El primer hombre es de la tierra, terrenal; el segundo hombre, que es el Señor, es del cielo. Cual el terrenal, tales también los terrenales; y cual el celestial, tales también los celestiales. Y así como hemos traído la imagen del terrenal, traeremos también la imagen del celestial.

¿Cómo es que somos conformados a la imagen de Cristo? A través de un *proceso de transformación*.

2 Corintios 3:18

> *Por tanto, nosotros todos, mirando a cara descubierta como en un espejo la gloria del Señor,* **somos transformados de gloria en gloria en la misma imagen, como por el Espíritu del Señor.**

La palabra «transformados» (metamorfo) significa, *pasar de una forma a otra.* «*Somos transformados*», está en un presente continuo. En el original es, «*estamos siendo transformados*», es un proceso, no evento. Es una experiencia continua, no una emoción pasajera. Por definición entendemos que algo que está siendo transformado está pasando de una forma a otra.

La comprensión de este «*proceso de transformación* «, nos explica la razón de las cartas de Pablo a las iglesias que estableció, explica el propósito de la salvación, explica el propósito de las pruebas, explica el propósito de la iglesia y explica el propósito del porqué nos congregamos. Permíteme decirlo de esta manera: Estar en Cristo es un continuo proceso de transformación, estar pasando continuamente de una forma a otra forma. Esto es lo que Pablo le quiere comunicar a la Iglesia en Corinto y lo hace contrastando dos tipos de humanidades —dos tipos de hombres que operan en sabidurías distintas —y en medio de estas dos humanidades y sabidurías le planta la CRUZ.

1 Corintios 2:1-2

> *Así que, hermanos, cuando fui a vosotros para anunciaros el testimonio de Dios, no fui con excelencia de palabras o de sabiduría. Pues me propuse no saber entre vosotros cosa alguna* sino a Jesucristo, y a este crucificado.

La intención de esta contundente declaración (**Pues me propuse no saber entre vosotros cosa alguna sino a Jesucristo, y a este crucificado**) era enfatizar la distinción que trajo la cruz, la separación de la humanidad; los que pertenecen al *orden natural* y los que pertenecen al *orden espiritual* o pudiéramos decir los que han sido destinados para las alturas.

Esto resume toda la carta. Esta es la razón por la cual Pablo le escribe a los corintios sobre dos tipos de edificios, dos tipos de obras, dos tipos de fruto, dos tipos de hombres, dos tipos de ministerio (el de muerte y condenación y el de vida y justicia) uno permanece el otro será destruido, las obras de uno serán quemadas, las del otro pasarán la prueba del fuego y serán aprobadas.

> **ESTAR EN CRISTO ES UN CONTINUO PROCESO DE TRANSFORMACIÓN**

Pablo describe estas dos humanidades, estos dos tipos de hombres como el **hombre natural y el hombre espiritual.**

1 Corintios 2:11-16

> *Porque ¿quién de los hombres sabe las cosas del hombre, sino el espíritu del hombre que está en él? Así tampoco nadie conoció las cosas de Dios, sino el Espíritu de Dios. Y nosotros no hemos recibido el espíritu del mundo, sino el Espíritu que proviene de Dios, para que sepamos lo que Dios nos ha concedido, lo cual también hablamos, no con palabras enseñadas por sabiduría humana, sino con las que enseña el Espíritu, acomodando lo espiritual a lo espiritual. Pero el hombre natural no percibe las cosas que son del Espíritu de Dios, porque para él son locura, y no las puede entender, porque se han de discernir espiritualmente. En cambio, el espiritual juzga todas las cosas; pero él no es juzgado de nadie. Porque ¿quién conoció la mente del Señor? ¿Quién le instruirá? Mas nosotros tenemos la mente de Cristo.*

CONDICIÓN DEL HOMBRE NATURAL

El hombre natural no es hijo por cuanto no tiene la vida de Dios. Puede ser buena persona, respetable, buen carácter, estar envuelto en actividades religiosas, pero carente de la vida de Dios. Su servicio no es agradable.

No conoce a Dios – Gálatas 4:8

No es agradecido – Romanos 2:21

No tiene ningún deseo por Dios – Romanos 3:11

No ama a Dios – 1 Juan 4:10

No tiene fe en Dios – Juan 3:18

No tiene temor de Dios – Romanos 3:18

No adora a Dios – Romanos 1:21,25

Resiste la verdad – 2 Timoteo 3:8

No recibe las cosas del espíritu – 1 Corintios 2:14

Rechaza la verdad – 2 Tesalonicenses 2:12

Desobedece a la verdad del evangelio – 2 Tesalonicenses 1:8

Es enemigo de Dios – Romanos 5:10

Está lejos de Dios – Efesios 2:17

Es culpable delante de Dios – Romanos 3:19

Está condenado por Dios – Juan 3:18

Está bajo la ira de Dios – Juan 3:36

Está ajeno de la vida de Dios – Efesios 4:18

No tiene a Dios en esta vida – Efesios 2:12

Sufrirán pena de eterna perdición – 2 Tesalonicenses 1:9

EL HOMBRE ESPIRITUAL

1 Corintios 2:15

En cambio, el espiritual juzga todas las cosas; pero él no es juzgado de nadie.

El hombre espiritual es todo lo opuesto al hombre natural. Este hombre ha recibido la vida de Dios y su ocupación son las cosas del Espíritu. El hombre espiritual no es espiritual porque hace cosas sino porque está ligado a Cristo. Es el hombre gobernado por la vida del Espíritu.

El hombre espiritual tiene al Espíritu Santo habitando en él, llenándolo, guiándolo y empoderándolo. La misma vida eterna de Dios le ha sido impartida y ahora Cristo es su propia vida. Este hombre es participante de la naturaleza divina. Este hombre manifiesta a Cristo en su vida carácter, conversación y conducta.

Este hombre ha recibido por la fe a Cristo como salvador, se ha rendido a Cristo como Señor, y se ha apropiado de Cristo como su propia vida. Para él Cristo es todo.

LA NUEVA OCUPACIÓN DEL HOMBRE ESPIRITUAL

Gálatas 5:25

Si vivimos por el Espíritu, andemos también por el Espíritu.

Vive en el Espíritu – Romanos 8:1-16
Ora en el Espíritu – Romanos 8:26-28
Conoce las cosas del Espíritu – 1 Corintios 2:1-16
Su comunión con los santos es en el Espíritu – 1 Corintios 12:1-13
Su ministerio es el Espíritu – 2 Corintios 3:1-18
Su conducta es en el Espíritu – Gálatas 5:16-26
Combate en el Espíritu – Efesios 6:10-18
Adora en el Espíritu – 1 Pedro 2:1-9; Hebreos 13:15; Filipenses 3:3

El proceso de transformación es para sacar todo lo carnal (adámico), para que Cristo sea formado en nosotros —nosotros transformados en Él—para Èl ser manifestado al mundo.

Capítulo 5

DESDE LUGARES CELESTIALES

y juntamente con él nos resucitó, y asimismo nos hizo
sentar en los lugares celestiales con Cristo Jesús…

—EFESIOS 2:6

ME LLAMÓ LA atención hay un tipo de águila que le conoce como el águila imperial. La palabra «imperial» significa «suprema autoridad». La autoridad de esta ave en las alturas es inigualable. Por causa de su naturaleza es imperial, tiene autoridad y dominio de los aires, por eso se le llama «el rey», «el monarca de los cielos». Así como el águila que contempla todo desde las alturas, los que han resucitado con Cristo están sentados en los lugares celestiales, es un cambio de posición y manera de ver y vivir la vida.

> SOMOS UNO CON ÉL EN SU RESURRECCIÓN, ASÍ QUE DEBEMOS CAMINAR EN LA NOVEDAD DE LA NUEVA VIDA CON TODO EL PODER DE SU RESURRECCIÓN DISPONIBLE PARA NOSOTROS.

Así como el águila domina y gobierna en los aires, los que ha recibido la vida de Dios, deben de vivir una vida consistente con su nueva naturaleza. La Biblia nos enseña que como cristianos estamos en Cristo y uno con Él en todo. Somos uno con Él en su muerte, y, por lo tanto, espiritualmente hablando, debemos considerarnos muertos, muertos al pecado, al yo y a la pasada manera de vivir. También somos uno con Él en su resurrección, así que debemos caminar en la novedad de la nueva vida con todo el poder de su resurrección disponible para nosotros. Además, somos uno con Él en su ascensión. Espiritualmente hablando, hemos sido destinados para sentarnos con Él en los lugares celestiales—en la alturas—muy por encima de todo.

Romanos 6:4

> *Porque somos sepultados juntamente con él para muerte por el bautismo, a fin de que como Cristo resucitó de los muertos por la gloria del Padre, así también nosotros andemos en vida nueva.*

Debemos aprender a vivir en la verdad que esto contiene. Por causa de la nueva posición que tienes en Cristo Jesús puedes ver y vivir tu vida desde las alturas.

Dos aspectos importantes:

1. *Nuestra posición en Cristo es que estamos sentados en lugares celestiales.*
2. *Cuando conocemos nuestra posición podemos cumplir efectivamente con nuestra asignación.*

Esto es un asunto de gobierno. No tiene que ver con ritos, ceremonias y tradiciones. Estamos sentados juntamente con Él, no tenemos que tratar de sentarnos u orar para que nos sienten es un hecho realizado. ESTAMOS SENTADOS, ya esto sucedió.

Si aprendemos a vivir desde la nueva posición que tenemos en Cristo, todo en la vida lo veremos distinto. Aquí está el secreto de la ascensión espiritual, estar con Cristo sentado en lugares celestiales y ver tu vida «desde las alturas». Esto te protegerá en esos momentos de la vida cuando las cosas se complican y tenemos deseos de dejarlo todo. Cuando Elías fue apoderado por el miedo cuando recibió la noticia de que Jezabel lo mataría y se sentó bajo un enebro queriendo morir, Dios le envió un mensaje: Levántate, come, porque es muy largo el camino para ti. Se levantó, pues, y comió y bebió, y con la fuerza de aquella comida caminó cuarenta días y cuarenta noches hasta Horeb, el monte de Dios. El profeta descubrió que desde el «monte de Dios» todo tomaba una perspectiva diferente (ver 1 Reyes 19:1-8).

En Cristo tenemos un mensaje mucho más maravilloso para nosotros que el que se le dio a Elías. En las palabras de Efesios 2, se nos recuerda que nuestra verdadera posición es que somos uno con Él, por lo tanto, donde Él está también estamos nosotros. Estamos sentados en los lugares celestiales y desde allí podemos mirar desde lo alto. Lo que un día fue una promesa para Israel en Isaías 40:31, ahora en Cristo es parte de nuestra herencia como hijos.

Isaías 40:31

Pero los que esperan a Jehová tendrán nuevas fuerzas; levantarán alas como las águilas; correrán, y no se cansarán; caminarán, y no se fatigarán.

Es de suprema importancia que aprendamos a mirar las circunstancias como Él las ve. A menudo la gente habla de las limitadas posibilidades de las cosas, «por causa de las circunstancias en las que se encuentran». Pero, los hijos de Dios nunca están destinados a estar bajo las circunstancias sino más bien por encima de ellas.

En todas las cosas somos «más que vencedores» (Romanos 8:37). Con esto Dios quiere decir que no solo las circunstancias no nos superan, sino que de una manera que no siempre entendemos están obrando para bien, conforme a su propósito para aquellos que son llamados. No debemos ser gobernados por ellas; debemos usarlas como parte de nuestro entrenamiento para aprender a reinar en vida con Cristo Jesús (Romanos 5:17).

> LOS HIJOS DE DIOS NUNCA ESTÁN DESTINADOS A ESTAR BAJO LAS CIRCUNSTANCIAS SINO MÁS BIEN POR ENCIMA DE ELLAS.

Cuando el propio Pablo fue llevado a la prisión en Roma, demostró estas mismas palabras que había escrito y, de hecho, pudo afirmar que «las cosas que le sucedieron» estaban resultando para el progreso del evangelio (Filipenses 1:12).

Él había comprendido por medio del Espíritu, cuál era su posición y aunque estuviera en una prisión, podía «mirar desde las alturas». Desde el punto de vista terrenal nuestra vida es un laberinto. Cristo ha sido entronado en los lugares más altos, muy por encima de todo. Allí es que estamos sentados con él y todo se ve diferente.

IMPLICACIONES PARA NUESTRA VIDA

1. El Señor está en el trono y es el Señor de todo.

Él mismo nos ha asegurado que tiene todo el poder en el cielo y la tierra. Aquí abajo somos demasiado conscientes de la terrible fuerza de los poderes de las tinieblas; necesitamos elevarnos por encima de ellos en Cristo y saber que Él es el Señor de todos ellos. Desde su posición, es capaz de mantener todas nuestras circunstancias variables bajo su control omnipotente. Por eso Pablo, desde su prisión, podía describirse a sí mismo como «prisionero del Señor». Él conocía sobre el ejército romano y había oído sobre Nerón. Eso fue en el nivel horizontal. Pero en espíritu pudo disfrutar de su unión con Cristo en lo celestial y mirar hacia abajo a los poderes terrenales desde ese punto de vista.

Por esta razón no podía resignarse a pensar en sí mismo como el prisionero de Nerón o el prisionero del ejército romano, sino sólo como el prisionero del Señor. Sabía que estos otros poderes no podían tener ningún control sobre él, salvo el que el Señor permitiera. Cuando miras desde arriba ves la realidad del trono de Cristo.

2. Nuestras circunstancias son parte de la gran estrategia del Señor.

Ninguno de nosotros vive para sí mismo. Nuestras vidas afectan a las vidas de los demás. Esto explica por qué el Señor nos permite entrar en situaciones que nos ponen en contacto con los demás. Desde el punto de vista terrenal todo parece caótico o incluso desastroso, pero cuando con Él miramos desde arriba, encontramos que nuestras experiencias están siendo encajadas en su sabio y eterno plan. La Biblia abunda en ilustraciones de esta realidad.

PERSONAJES QUE NOS INSPIRAN

José. Una nación necesitaba ser salvada del hambre y la escasez, una liberación que requería un gobernante enviado por Dios. ¿Qué hizo Dios? Permitió que José fuera odiado por sus hermanos, vendido como esclavo, arrojado a la prisión, retenido injustamente allí hasta que a su debido tiempo pudiera ser hecho gobernante de Egipto. Ese es el punto de vista divino de su historia. Ahora tenemos el beneficio de la historia para poderlo entender.

David. La nación de Israel necesitaba un rey dado por Dios. Para este propósito Dios tomó al joven pastor, David. Hizo que su padre lo enviara al frente de batalla con pan y queso para sus hermanos, y todo para que pudiera escuchar y responder al desafío de Goliat. Todo en la vida de David se desarrolló a partir de ese incidente del pan y el queso.

Ester. Para salvar a su pueblo de la terrible masacre planeada por Amán, Dios anuló todos los asuntos de la monarquía para traer a Ester al reino para un tiempo y una tarea específica. Así es hoy. Que el Señor nos dé la gracia de cooperar con Él mirando «desde las alturas» los diversos aspectos de nuestra vida diaria, ya sean nuestros vecinos, nuestro trabajo, nuestras alegrías y nuestras penas.

Todas las circunstancias presentes están relacionadas con el futuro. Al mirar hacia abajo con Él, vemos nuestras circunstancias y experiencias como herramientas en las manos del Alfarero. Encontramos consuelo en Romanos 8:28, pero debemos seguir hasta el siguiente versículo, donde se nos recuerda que el propósito gobernante de Dios en todos sus tratos con nosotros es conformarnos a la imagen de su Hijo.

Dios siempre tiene la eternidad y su propósito eterno como el factor gobernante en todo lo que hace. No hay nada tan pequeño como para ser insignificante en nuestras vidas. No debemos mirar los incidentes de la vida de manera aislada, sino ver siempre que en ellos Dios está «trabajando en conjunto», y siempre con un objetivo final, conformarnos a la imagen del Hijo. Eso es lo que solo puede realizarse si vamos a Él y «miramos desde las alturas».

Él es capaz de usar todas las cosas para su propia gloria. *Ciertamente la ira del hombre te alabará; Tú reprimirás el resto de las iras* (Salmo 76:10). El hombre que escribió esas palabras estaba ciertamente viendo los asuntos desde el punto de vista divino. La gloria de la vida de fe es que sabemos que cuando Él no restringe el mal, aunque no lo entendemos, Él puede usar la maldad de los hombres para su propia gloria. Si, entonces, Dios puede usar las acciones de los hombres malvados, cuánto más hará uso de todo en las vidas de sus hijos para que su nombre sea glorificado.

Juan 11:4

> *Oyéndolo Jesús, dijo: Esta enfermedad no es para muerte, sino para la gloria de Dios, para que el Hijo de Dios sea glorificado por ella.*

Eso fue ciertamente un caso de mirar desde arriba. Así es con todo en la vida de los entendidos. Necesitamos crecer en el conocimiento de Cristo para que siempre podamos ver las circunstancias como Él las ve.

Capítulo 6

LA FUENTE DE FORTALEZA

Si deseamos que nuestra fe se fortalezca, no
debemos dejar pasar las oportunidades en las
que nuestra fe pueda ser probada, y, por lo
tanto, a través de la prueba, ser fortalecidos.

—GEORGE MULLER, EVANGELISTA

COMO EL ÁGUILA, el que ha nacido de Dios encuentra la energía necesaria para vivir de acuerdo **con** su naturaleza en la fuente donde se alimenta. La primera lección que aprendemos del águila es su estricta dieta alimenticia. Consideremos algunos elementos importantes en la dieta del águila:

+ Es muy selectiva
+ No come cualquier cosa
+ Selecciona y planifica su dieta
+ No confía en lo que pueda encontrar
+ Ella misma busca lo que quiere comer
+ En la mayoría de los casos, luego de matar su presa se la lleva al nido
+ La come caliente
+ Detesta la comida descompuesta
+ No le gusta el mal olor

El águila obtiene su fuerza de una presa viva. Asimismo, debe ser en aquellos que han sido destinados a las alturas.

UNA DIETA BALANCEADA

La primera lección que aprendemos del monarca de los aires es la importancia de una dieta balanceada. Si en lo natural somos lo que comemos, también en lo espiritual. Es un hecho comprobado que lo que comemos afecta nuestra personalidad, actitud y percepción de la vida. Una dieta pobre representa menor tolerancia hacia las enfermedades y presiones de la vida. Una persona que no se alimenta bien siempre está irritable. Los médicos siempre aconsejan que mantengamos una buena dieta.

UN FACTOR IMPORTANTE PARA NOSOTROS ES QUE LA OBEDIENCIA ES LA FUENTE DE VIDA Y FORTALEZA.

El estrés incapacita nuestro sistema nervioso, bloquea el sistema digestivo, dejamos de alimentarnos y esa debilidad nos hace propensos a las enfermedades que nos rodean. Uno de los grandes cambios que se están experimentando hoy es el regreso a comidas que presentan un mayor valor nutritivo, de acuerdo con el estilo de vida moderno. Estos cambios son resultado de la pobre calidad de salud de las personas en los países industrializados y años de negligencia en cuanto a la alimentación. La dieta natural es un paralelo de la dieta espiritual. El águila nos enseña la importancia de mantener una dieta balanceada.

COMIDA DEL CIELO

La comida se toma para el mantenimiento de nuestra vida. Satisface nuestra necesidad y sirve para nuestro desarrollo y crecimiento. Para el que ha nacido de Dios, esto está relacionado a la voluntad de Dios. Hacer la voluntad de Dios es como tomar comida para vivir. Cuando hacemos la voluntad de Dios estamos tomando lo que mantiene nuestra vida. Nuestra necesidad es satisfecha. El crecimiento espiritual se mantiene. Para Jesús fue así, para nosotros no será diferente.

Juan 6:57

> *Como me envió el Padre viviente, y yo vivo por el Padre, asimismo el que me come, él también vivirá por mí.*

El Señor Jesús vivió por su unión con el Padre. Y nosotros vivimos debido a nuestra unión con el Hijo. Un estudio de la vida de Jesús en los evangelios nos revela la clase de comida que sostuvo su vida. Como es natural sus discípulos estaban interesados en que no pasaran las horas y Jesús no comiera. Este fue el caso registrado en Juan 4:31-34. La respuesta de Jesús los sorprendió porque ellos creían que alguien le había traído algo de comer.

Juan 4:34

> *Jesús les dijo: Mi comida es que haga la voluntad del que me envió, y que acabe su obra.*

Con esta declaración Jesús estableció tres poderosas verdades:

+ *Jesús tenía una fuente de fortaleza que ellos desconocían.*

«Yo tengo una comida que comer, que vosotros no sabéis».

–Juan 4:32

+ *Hay una conexión entre la voluntad de Dios y la Vida.*

«Mi comida es que haga la voluntad del que me envió».

–Juan 4:34

+ *El vínculo entre la voluntad de Dios y la Vida es un propósito divino y el cumplimiento de este.*

«y que acabe su obra» –Juan 4:34b

La voluntad del Padre representaba un propósito divino, y el Señor
Jesús dice que Él estaba vinculado con ese propósito. Cumplir ese pro-
pósito divino era una satisfacción mayor para Él que las cosas terrenales.
Podemos decir que Él encontró su vida al hacer la voluntad de Dios.

Por lo tanto, un factor importante para nosotros es que la obediencia
es la fuente de vida y fortaleza. Así fue en el caso del Señor Jesús y así
es para nosotros. La unión con Cristo, según la voluntad de Dios, significa «vida» para nosotros. La voluntad de Dios es una unión vital y en
unidad con el Hijo.

Juan 6:40

*Y esta es la voluntad del que me ha enviado: Que todo aquél que ve al
Hijo, y cree en él, tenga vida eterna; y yo le resucitaré en el día postrero.*

Hacer la voluntad de Dios es como tomar comida para vivir. Cuando
hacemos la voluntad de Dios estamos tomando lo que mantiene nuestra vida. Nuestra necesidad está satisfecha. Se mantiene el crecimiento

espiritual. El Señor Jesús dijo de sí mismo en Juan 6:57: «Como me envió el Padre viviente, y yo vivo por el Padre, asimismo el que me come, él también vivirá por mí».

Esta comida espiritual no sólo mantiene nuestra vida, sino que también aumenta nuestra vida. Nos está llevando a la plenitud de Cristo. Crecemos tomando esa comida, y la vida aumenta por la obediencia. En Filipenses 2:9 se nos dice que el Señor Jesús fue obediente al Padre hasta el final: «*Por lo cual Dios también le exaltó hasta lo sumo, y le dio un nombre que es sobre todo nombre*». Esa es la fortaleza resultante de la obediencia. Cada nuevo acto de obediencia nos lleva a una mayor plenitud en Cristo, a crecimiento espiritual. Pero la desobediencia trae limitación y retiene el fluir de la vida.

Este es, pues, el significado del alimento espiritual: hacer su voluntad, ser obediente en todas las cosas. Esta alimentación espiritual está relacionada con nuestra unión con Cristo en su resurrección. Es un vivir sobre lo que Cristo es en la muerte y la resurrección.

> HACER LA VOLUNTAD DE DIOS ES COMO TOMAR COMIDA PARA VIVIR.

En el contexto del capítulo 6 de Juan tenemos la pascua. En conexión con lo que eso significa espiritualmente, el Señor Jesús alimentó a una gran multitud. Los judíos estaban a punto de comer el cordero de la pascua. Pero, antes de que eso ocurriera tenemos aquí una multitud hambrienta, y Él—el Cordero de Dios—los alimenta con pan diciendo: «Yo soy el pan de vida». Él vincula eso con la pascua, la cruz, el Cordero inmolado, diciendo en efecto: «Yo soy tuyo». En mi muerte y resurrección, es decir, en «mí tienes la vida». Es Cristo quien nos ha sido impartido.

COMIDA QUE PERECE

Juan 6:27

> *Trabajad, no por la comida que perece, sino por la comida que a vida eterna permanece, la cual el Hijo del Hombre os dará; porque a éste señaló Dios el Padre.*

Aquellos a quienes el Señor dirigió esta palabra sabían muy bien lo que quería decir. Sabían que no se les permitía tomar cualquier cordero para la Pascua. Tenía que ser uno sin defecto. Cada cordero tenía que ser traído al templo para ser examinado por los sacerdotes en cuanto a su perfección absoluta. Y cuando estaba de acuerdo con los requisitos exigidos, los sacerdotes le ponían el sello del templo y lo mataban. Todos sabían lo que significaba ese sello. Así que el Señor Jesús tomó esa tradicional costumbre, relacionándola con Él mismo diciendo: «Yo tengo el sello del Padre». Cristo iba a entregarse a favor del pueblo como alguien a quien el Padre había declarado absolutamente perfecto. Se iba a dar a sí mismo para ser su alimento para que pudieran vivir a través de él y caminar en obediencia a él como él había sido obediente a su Padre.

La carne y la bebida son una metáfora. Significa permanecer «en Cristo» y está relacionado con el hacer la voluntad del Padre en cada parte de nuestra vida. La pregunta que surge aquí es: ¿Realmente queremos vivir? Recuerde, solo vivimos en la verdad, si cumplimos la voluntad de nuestro Señor, si permitimos que el Señor Jesús sea nuestra vida, siendo perfectamente obedientes a Él. Nuestra voluntad es una voluntad corrupta. Los deseos personales siempre se corrompen. Pero, en Cristo no hay nada de eso. El pecado ha sido tratado y juzgado en la Cruz. Allí se manifestó que la perfecta humanidad de Cristo se mantuvo y se liberó de toda corrupción hasta el final. Ahora ese perfecto Cordero de Dios es dado para nosotros. Se nos permite comer y beber de él; permanecer en Él. El que cumplió totalmente la voluntad de Dios permanecerá en nosotros. Así crecemos. Comer su carne y beber su sangre significa crecer en Él para que su poder en nosotros se manifieste. Él crecerá, y debe hacerlo, hasta que seamos transformados a su semejanza, hasta que su imagen sea vista en nosotros. Este es el maná escondido, el sustento secreto de nuestra vida. Los que no conocen al Señor no saben nada de esto. Pero el que vive de Cristo conoce esa carne. Sabe que hacer la voluntad de Dios es vida. Cuanto más obedezcamos esa voluntad divina, más ríos de su vida fluirán en nosotros. Busquemos esa clase de comida que el mundo no conoce. ¡Come y bebe a Cristo!

Cuando solo Cristo no es la comida el creyente se expone a muchos peligros. Está constantemente expuesto, porque se encuentra tan débil que cualquier cosa lo irrita, lo enferma, tiene sus emociones a flor de piel y cualquier cosa que ocurre lo pone nervioso. La debilidad espiritual es el resultado de una dieta pobre. Un hijo de Dios que está débil espiritualmente no se reproduce. Tampoco puede discernir la verdad y mucho menos combatir contra sus enemigos, y se transforma en un blanco fácil. Este fue el caso de los creyentes en Corinto. A este tipo de cristianos podríamos compararlos con otra ave: el buitre.

«Intoxicado» como el buitre

El buitre es un ave que tiene características especiales, y del cual podemos también recibir muchas enseñanzas.

El buitre hace su nido en los árboles muertos o en la tierra. Se caracteriza porque su cabeza no tiene plumas. Esto le ayuda para poder sumergir su cabeza dentro de cuerpos de animales muertos y mutilados de donde obtiene su alimento. Siempre comen lo que otros dejan. Nunca verá un buitre matando a su propia presa. Él toma la presa que el tigre cazó y luego de saciarse dejó abandonada por varios días. Después de darle vueltas por horas a su comida, desciende acompañado de otros buitres. No vive solo sino en comunidades, a diferencia del águila que vive sola.

No es estricto con su dieta. Cuando desciende de las alturas a comer ese animal descompuesto se sacia hasta que pareciera que se intoxica de sangre y carne descompuesta. Esto le impide volver a volar, y en raras ocasiones podría ocasionar que se convierta en presa de otros animales.

¡Qué diferencia tan marcada con el águila! Esta es la razón por la cual en la Biblia se utiliza su imagen como ejemplo de nuestra nueva naturaleza, y no al buitre con su estilo de vida quizás desordenado. Hay creyentes que son como el buitre. No son estrictos con su dieta. Meten el pico en el mundo y comen de él, entonces cuando llega un problema y es necesario elevarse, no pueden. Es que está «intoxicado», ha comido mucho animal descompuesto, mucho alimento que no produce vida espiritual en él. El peligro es que al no poder elevarse se queda vulnerable.

Cuando el buitre está en grupo se siente un campeón. Se congrega y junto a los demás, ora, se goza, pero cuando está solo siente la enfermedad espiritual. Trata de volar y no puede.

Tienes que ser muy estricto con su dieta espiritual, no debes prestar tu oído a todas las dietas que hay en el mercado espiritual. Debes discernir a quién le prestas tu oído, porque la comida que ingieres determina cuán alto podrás elevarte luego. El águila obtiene su comida en soledad, no se involucra con grupos que lo puedan contaminar. Cualquier cosa que no sea Cristo como comida y bebida, te intoxicará.

Capítulo 7

ALCANZAR LA MADUREZ

Dios no tiene la intención de ayudarnos
a vivir la vida cristiana.
La inmadurez considera al Señor Jesús como un ayudante.
La madurez sabe que Él es la vida misma.

—MILES J. STANFORD

E L TEMA DE la madurez es tan importante que cada una de las cartas apostólicas trata de una manera u otra el tema de la madurez espiritual. Si esto es así, y la evidencia lo confirma, entonces nos corresponde a nosotros como pueblo del Señor estar alineados con ese objetivo principal y ser motivados por lo mismo que motivó al apóstol Pablo que dijo en Filipenses 3:12:

> *Pero sigo adelante a fin de hacer mía esa perfección (madurez) para la cual Cristo Jesús primeramente me hizo suyo. (NTV, paréntesis añadido)*

Pablo de una manera clara y precisa establece que cuando Cristo se le reveló—fue para algo mucho más que ser un hombre salvo—para Pablo el propósito de la salvación no era un viaje al cielo o el escape del infierno.

La salvación está relacionada a una meta en la cual había un premio y que había que alcanzarlo. La meta no era la salvación, la salvación es un asunto resuelto en Cristo. La meta era la madurez, la cual no es un suceso, la madurez se alcanza.

Para Pablo algo tenía valor solo con relación a si lo ayudaba a alcanzar la meta y nada tenía valor si no contribuía a que la alcanzara. Por eso él dice que todo lo considero ganancia en algún momento luego las estimó como perdida por amor de Cristo.

Filipenses 3:17

> *Hermanos, sed imitadores de mí, y mirad a los que así se conducen según el ejemplo que tenéis en nosotros.*

Si seguimos el ejemplo de Pablo, esa también será nuestra pasión; alcanzar la madurez para la cual Cristo nos hizo suyos. Este es el propósito de Dios para todos sus hijos: que todos lleguemos a la estatura, a la medida de Cristo.

Los apóstoles del primer siglo entendieron que el crecimiento espiritual de los que habían creído determinaba la efectividad de su tarea en el mundo. Esto es obvio —cuando lees el Nuevo Testamento—el hecho de que cada carta estaba dirigida a los creyentes en las iglesias y el tema principal era *la madurez espiritual de ellos*. Esto no significa que la iglesia dejó de ser una representación en el mundo como embajadores y un instrumento evangelizador.

Ellos continuaban con su trabajo en relación con los no salvos, pero la realidad es que muy poco se dice acerca de eso, lo que tenemos en las epístolas tiene que ver con el crecimiento espiritual de los que habían creído. Esto es tremendamente significativo y no lo podemos subestimar. En muchos contextos cristianos esto se ha olvidado. Si bien es cierto que existe una preocupación legítima con la vida y el trabajo evangelístico de muchas congregaciones, la realidad es que la efectividad del trabajo evangelístico de una congregación depende de la edificación de los santos para la obra del ministerio.

> ESTE ES EL PROPÓSITO DE DIOS PARA TODOS SUS HIJOS: QUE TODOS LLEGUEMOS A LA ESTATURA, A LA MEDIDA DE CRISTO.

La verdadera edificación de los santos requiere la combinación de diferentes gracias constituidas por el Señor mismo—apóstoles, profetas, evangelistas, pastores y maestros—que perfeccionan a los creyentes para su tarea en el mundo.

Si una congregación solo se concentra en el trabajo evangelístico—«como decimos, ganar almas para el Señor» y no son correctamente edificados, nunca llegarán a la madurez—que es el propósito para el cual son salvos.

El resultado de esto será una congregación que quiere alcanzar a los perdidos con recursos espirituales inadecuados y es muy débil frente a las dificultades, el fruto de eso es la incapacidad de ser una expresión del poder real de Dios y de la plenitud de Cristo.

La madurez espiritual no tiene que ver con:

+ Cuantos años hace que te congregas
+ Lo que ha hecho en su servicio al Señor
+ Dones espirituales
+ El tamaño de la congregación

Todo eso es irrelevante en relación con la madurez.

La madurez espiritual tiene que ver con cuánto de Cristo se ha formado en nosotros y es evidente. La madurez y crecimiento espiritual no es un suceso que se presenta en la vida sino un proceso en el cual nosotros participamos y debemos estar conscientes de los obstáculos que tenemos que reconocer y vencer para alcanzar la madurez.

No hay una carta en el Nuevo Testamento en la que se identifique con tanta precisión y claridad los obstáculos que se presentan en el crecimiento espiritual de los creyentes que la carta a los corintios. En 1 Corintios 3:1, Pablo le indica a los corintios que, aunque su deseo era hablarle como a espirituales no pudo hacerlo porque ellos se encontraban en un estado de infancia espiritual.

> *De manera que yo, hermanos, no pude hablaros como a espirituales, sino como a carnales, como a niños en Cristo.*

La declaración deja claro que los problemas en la iglesia en Corinto se podían trazar a una sola cosa: la inmadurez espiritual.

Toda la carta trata con las causas del estancamiento espiritual y las razones que impiden que muchos creyentes alcancen madurez espiritual. Podemos decir sin temor a equivocarnos que el factor determinante y la clave para entender toda la carta es el tema de la ESPIRITUALIDAD.

En la carta Pablo presenta el tema de la espiritualidad como lo opuesto a la carnalidad. La conclusión a la cuál llegamos luego de leer la carta es que *no hay crecimiento espiritual si no hay espiritualidad*. En 1 Corintios 2 presenta la espiritualidad como un *hecho* y una *necesidad* para alcanzar madurez espiritual. Un *hecho* porque está relacionada a una naturaleza. Y una *necesidad* porque tiene que ser experimentada.

¿Qué es espiritualidad?

La respuesta Pablo la ofrece en el mismo capítulo 2.

Allí él nos dice que una persona espiritual es una persona la cual toda su vida es:

+ Gobernada

+ Instruida
+ Iluminada
+ Internamente guiada por el Espíritu Santo

Pablo considera que una persona espiritual no es aquel que: hace cosas, sabe mucho, u opera en dones, sino la clase de persona que somos. Es un asunto de naturaleza no de prácticas.

En el capítulo dos de la carta el habla de dos clases de personas, «el hombre natural o el hombre del alma» y «el hombre espiritual». El hombre natural es gobernado por su propia alma en todos los asuntos de la vida. El hombre espiritual es gobernado por el Espíritu Santo a través de su espíritu en todos los asuntos de su vida.

El hombre espiritual es una clase de persona que tiene, capacidades, poderes y habilidades peculiares y particulares. Además, tiene facultades que no las tiene el hombre natural por lo tanto tiene capacidades que lo llevan mucho más allá en:

> EL INMADURO ES GOBERNADO POR TODAS LAS VARIACIONES DE SU ALMA Y LAS INFLUENCIAS EXTERNAS. EL ESPIRITUAL ES GOBERNADO POR EL ESPÍRITU INTERNAMENTE.

comprensión, conocimiento, entendimiento y alcance.

Este es el planteamiento de Pablo en la conclusión del capítulo dos. Una persona espiritual no es una persona rara, que tiene experiencias místicas o desarrolla todo tipo de comportamiento extremo y lo etiqueta como una experiencia espiritual, eso no es. Pablo presenta al hombre espiritual como un ser que ha sido constituido y en el cual el Espíritu habita. Está constituido como un hombre espiritual de inteligencia espiritual, que es capaz, por sus facultades espirituales, de llegar a un conocimiento de lo que Dios le ha dado en Cristo y tener una comunión íntima con él. Eso es espiritualidad, y eso es la esencia misma de la madurez.

Tú en Cristo y Cristo en ti es el comienzo. Cristo se comienza a formar en ti y tú a ser transformado en él. El fruto es un hombre y mujer espiritual. Este desarrollo es dinámico, nosotros participamos en él y colaboramos con la obra del Espíritu en nosotros, el cual nos está transformando a la imagen del Hijo.

Lo opuesto a esto es lo que Pablo también identifica en la carta. Si no hay madurez espiritual es porque hay carnalidad y la carnalidad es un obstáculo que detiene el crecimiento y la madurez espiritual.

Como un perito arquitecto Pablo identifica en la carta las características de la carnalidad que son equivalentes a evidencias de inmadurez. Muy bien pudiéramos decir que esta es la gran diferencia entre el águila y el buitre.

La ecuación es simple:

+ Si hay inmadurez es porque hay carnalidad
+ Si hay madurez es porque hay espiritualidad

El inmaduro es gobernado por todas las variaciones de su alma y las influencias externas. El espiritual es gobernado por el Espíritu internamente.

Seis características de inmadurez

1. Confían en la sabiduría natural

En el primer y segundo capítulo de 1 Corintios vemos que el hombre natural se inclina a ser gobernado por lo que es natural. Entre los corintios esto se veía por la fascinación y admiración que tenían por la sabiduría humana. Les gustaban las actividades y especulaciones filosóficas. Para ellos el conocimiento era poder. Esa era su filosofía de vida. Mientras más conocimiento humano alcanzaran, más alto podían llegar en la sociedad.

En el mundo el conocimiento humano te pone en una posición de ventaja. Sin embargo, Pablo confronta directamente esa postura. Si bien es cierto que para el hombre natural el conocimiento de este mundo es lo que lo ayuda a alcanzar las posiciones más elevadas. En la vida del creyente es algo carnal. Lo que se considera carnal para el hombre espiritual es natural para el hombre carnal, ¿Por qué? Porque es un asunto de naturaleza. Cuando se trae a las cosas de Dios lo que son las cosas de los hombres, eso es carnal.

Pablo está desmantelando aquello en lo que los corintios se gloriaban. Para ellos el conocimiento natural, el poder, lograr cosas por fuerza—lo que Pablo le llama le sabiduría de este mundo—eran en lo que se gloriaban. Él les dice: Oh, ¿entonces si son tan sabios en esa sabiduría por qué crucificaron al Señor de gloria?

Lo que Pablo está identificando es el estado en el que estaban, que era un estado de total ignorancia en cuanto a lo espiritual. Pablo quería que los corintios entendieran que lo que ellos estaban reconociendo de acuerdo con lo natural y del mundo, para ellos era carnalidad porque esa no era su naturaleza. Por lo tanto, se convertía en un obstáculo para su crecimiento espiritual.

Mi querido lector cuando nosotros hacemos de lo natural un factor en nuestra vida como hijos de Dios es una señal de inmadurez, de infancia y carnalidad. Los corintios pensaban que con la sabiduría del mundo, la fuerza de voluntad y el conocimiento humano se podían lograr resultados espirituales.

Quizás dices, ¡esos corintios estaban bien mal!, pero la realidad es que nosotros tenemos que enfrentar esto también en nuestra generación. Cuantas veces en una congregación se confía más en la astucia humana para ganar personas que descansar en la obra del Espíritu. Tome por ejemplo el ministerio de los jóvenes.

Se le puede dar lo que ellos quieren, la clase de música que le gusta, luces de colores, diluir tanto el mensaje que pierde su esencia y poder, y después de todo eso tenemos una juventud con unos vacíos impresionantes, llevados por todo tipo de sensación y carentes de una vida espiritual saludable.

No estoy diciendo que todos los jóvenes están así, lo que estoy diciendo es que tratar de ganarlos por medios naturales y no porque ellos reconocen la necesidad de Cristo en su vida siempre producirá una generación débil y carente de vitalidad espiritual. Las cosas naturales no producen la naturaleza espiritual. Esto es lo que Pablo está tratando. El hombre natural no puede entender las cosas que son del Espíritu.

Antes de que un hombre pueda entender las cosas del Espíritu de Dios, tiene que nacer de nuevo, y ser un hombre espiritual desde los comienzos de su nueva vida. Debe tener algo que ningún hombre fuera de Cristo tiene.

1 Corintios 2:12

Y nosotros no hemos recibido el espíritu del mundo, sino el Espíritu que proviene de Dios, para que sepamos lo que Dios nos ha concedido,

Estos corintios estaban operando en el espíritu del mundo, queriendo conocer las cosas de Dios. Esto produjo una incapacidad para conocer las cosas que son del Espíritu.

2. Preferencias en relación con lo natural

La otra característica de carnalidad Pablo la identifica en los capítulos 3 y 4 de 1 Corintios. En estos capítulos la carnalidad está relacionada a lo que ellos preferían, basado en prejuicios y preferencias personales.

1 Corintios 3:3-6

Porque aún sois carnales; pues habiendo entre vosotros celos, contiendas y disensiones, ¿no sois carnales, y andáis como hombres? Porque diciendo el uno: Yo ciertamente soy de Pablo; y el otro: Yo soy de Apolos, ¿no sois carnales? ¿Qué, pues, es Pablo, y qué es Apolos? Servidores por medio de los cuales habéis creído; y eso según lo que a cada uno concedió el Señor. Yo planté, Apolos regó; pero el crecimiento lo ha dado Dios.

La carnalidad se presenta como ese tipo de cosas en las que te inclinas hacia tus propios gustos y disgustos naturales entre los hombres por sus enseñanzas. Unos decían *a mí me gusta la línea de enseñanza de Pablo.* Otros *a mí me cae mejor Apolos porque habla más lindo que Pablo,*

Pablo es tosco con sus palabras, me quedo con Pedro porque ese es más simple, y además, él caminó con Jesús.

Ellos estaban dividiendo a los que les ministraban la Palabra y el cuerpo de Cristo.

¿Quién se atreverá a decir que él mismo nunca ha caído en esta falta? Es muy natural tener tales gustos y disgustos. La primera pregunta no es si me gusta o no sino, ¿Hay algo del Señor en él o ella que el Espíritu me quiera enseñar?

Escuchar a uno y no al otro en cuanto a gustos y disgustos personales es tan carnal como cualquier otro pecado. El problema aquí es el «yo». No debe ser primero lo que a ti te gusta, sino que hay de Cristo en estos hombres y mujeres que yo necesito escuchar. Carnalidad es traer lo natural en la esfera de lo espiritual y convertirlo en un factor gobernante en la vida. Espiritualidad significa que estás detrás de todo lo que es de Cristo, no importa en qué recipiente me lo traigan.

> LA ESPIRITUALIDAD SE EXPRESA RESISTIENDO CUALQUIER TENDENCIA NATURAL CONTRA LO QUE CONTAMINE LA VIDA Y LA MORAL.

Israel no pudo identificar que lo que Dios quería para ellos estaba contenido en alguien que ellos rechazaron. La espiritualidad es lo opuesto a inclinarse hacia la selectividad natural. Si deseas seguir creciendo espiritualmente, este es uno de los asuntos que hay que reconocer y tratar. Se trata de dejar de lado nuestra vida natural en interés de lo espiritual. Esto se presenta todos los días. La espiritualidad está determinada por la medida en que estamos listos para ser guiados.

3. *Insensibilidad contra el pecado*

En 1 Corintios 5, Pablo presenta la carnalidad como insensibilidad contra el pecado.

La espiritualidad se expresa resistiendo cualquier tendencia natural contra lo que contamine la vida y la moral. No me refiero ser tentado. Todos somos tentados. No hay pecado en ser tentados.

A veces puede haber algún debilitamiento; podemos estar más abiertos por varias razones a la debilidad que en otras ocasiones, pero el punto es este, que la espiritualidad representa en nosotros una reacción que, en presencia del pecado, reacciona en contra de eso. Esa es la obra del Espíritu de Dios en nosotros, haciéndonos espirituales.

En Corinto no sólo estaba el que había pecado acostándose con la esposa de su padre, sino que lo que le preocupaba al apóstol era que la asamblea no tenía suficiente sensibilidad moral para tratar con ese pecado, y tuvo que escribirles una carta fuerte que los sacudiera y trataran con el asunto para evitar que hubiera más contaminación de pecado. No lo hicieron hasta que Pablo prácticamente los obligó a hacerlo.

Había una baja resistencia en contra del pecado, no había una medida suficiente de espiritualidad para reaccionar violentamente contra el pecado, y decir: «Estamos manchados, debemos dejar esto; debemos limpiarnos a nosotros mismos; debemos estar ante Dios sin juicio en este asunto». No lo hicieron; lo toleraron, lo dejaron ir.

Este pudiéramos llamarlo un caso extremo. Pero la realidad es que la intolerancia contra el pecado se expresa de varias formas. La espiritualidad confronta el chisme, la división, las obras de la carne porque sabe que deterioran la vida y fortaleza de la iglesia y los incapacita para enfrentar aun asuntos mayores.

4. Pleitos contra hermanos

Pablo presenta esto en 1 Corintios 6:1-2 cuando dice:

¿Osa alguno de vosotros, cuando tiene algo contra otro, ir a juicio delante de los injustos, y no delante de los santos? ¿O no sabéis que los santos han de juzgar al mundo? Y si el mundo ha de ser juzgado por vosotros, ¿sois indignos de juzgar cosas muy pequeñas?

El principio que se está considerando aquí es el efecto que produce en la iglesia cuanto los hermanos se defraudan los unos a los otros. Pablo estaba tan sorprendido que el nivel para poder juzgar una situación entre los hermanos era tan débil que ni uno pudo traer solución al problema. Verso 5:

Para avergonzaros lo digo. ¿Pues qué, no hay entre vosotros sabio,
ni aun uno, que pueda juzgar entre sus hermanos,

Parece que el espíritu aquí en Corinto era el del individuo que buscaba tener la ventaja, incluso a expensas de otro creyente. El problema era la actitud que había en la iglesia de Corinto. Cada cual quería ganar aun si esto implicara llevar a un hermano para que fuera el mundo el que juzgará entre ellos, verso 6:

Sino que el hermano con el hermano pleitea en juicio, y esto ante
los incrédulos.

La falta no solo era el pleito, sino que ninguna de las partes estaba dispuesto a sufrir el agravio, verso 8:

Pero vosotros cometéis el agravio, y defraudáis, y esto a los
hermanos.

Querido lector nos necesitamos los unos a los otros, por lo tanto, es carnal y de inmaduros estar en pleitos los unos con los otros. La madurez espiritual nunca aprobará eso. La espiritualidad tiene todo esto en cuenta y dice, «no voy a dañar mi propio crecimiento espiritual haciendo daño a otro miembro del cuerpo de Cristo». Mejor sufro la pérdida, pero no le haré daño al cuerpo.

5. *Fracasar en discernir el cuerpo de Cristo*

Esta característica de la carnalidad e inmadurez espiritual Pablo la considera en los capítulos 10 y 11. El contexto es la mesa del Señor y las cosas que se ofrecen a los ídolos y donde es que para un creyente algo termina y otra cosa comienza.

En la iglesia del primer siglo participaban de la comida juntos. En cierto momento de la comida se detenían y adoraban. El problema fue que ellos confundieron las cosas e hicieron de aquello que representaba el cuerpo y la sangre de Cristo algo que satisfacía su propio apetito.

1 Corintios 11:21-22

> *Porque al comer, cada uno se adelanta a tomar su propia cena; y uno*
> *tiene hambre, y otro se embriaga. Pues qué, ¿no tenéis casas en que*
> *comáis y bebáis? ¿O menospreciáis la iglesia de Dios, y avergonzáis a*
> *los que no tienen nada? ¿Qué os diré? ¿Os alabaré? En esto no os alabo.*

Pablo identificó entre ellos la incapacidad de discernir lo que representaba el momento cuando los creyentes participaban de la comida juntos. Esto es lo que representaban la copa y el pan:

- La copa representaba el Nuevo Pacto en el cual toda nuestra vida le pertenece al Señor y todo lo que es del Señor nos pertenece.
- El pan representaba su cuerpo—la Iglesia—la cual ahora es parte de nuestros intereses y aquello en lo cual el amor de Cristo ha sido derramado.

Cristo amó a su iglesia y dio su vida por ella. La actitud de los creyentes hacia la iglesia debe ser la actitud de Cristo hacia la iglesia. La espiritualidad es aquella que, por un lado, da a Cristo su lugar sobre todo lo personal y nos permite sujetarlo todo a sus intereses. Los corintios no discernieron esto y cedieron a la gratificación personal, en lugar de gloriarse en el Señor.

Nunca llegaremos a un crecimiento espiritual pleno si solo vamos a ser gobernados por nuestros apetitos naturales. Por otro lado, la espiritualidad está marcada por el amor a todo el pueblo del Señor. En Corinto, no se reconoció el amor de Cristo por su iglesia. Su actitud los unos hacia los otros era cualquier cosa menos la de Cristo para con los suyos, y por lo tanto no discernían el único Cuerpo representado en la Mesa, Pablo lo dice así en 1 Corintios 10:16:

> *La copa de bendición que bendecimos, ¿no es la comunión de la san-*
> *gre de Cristo? El pan que partimos, ¿no es la comunión del cuerpo*
> *de Cristo?*

La mesa del Señor es el cuerpo en representación. Debemos reconocer que el objeto de amor y devoción de Cristo es su Iglesia, y tener el mismo amor y devoción por su pueblo. Una verdadera vida espiritual está marcada por un gran amor por el cuerpo de Cristo, en vez del individualismo.

6. *Codiciar dones espirituales para fines personales*
Pablo presenta esta característica de la carnalidad e inmadurez en 1 Corintios 12:1-3:

> *No quiero, hermanos, que ignoréis acerca de los dones espirituales. Sabéis que cuando erais gentiles, se os extraviaba llevándoos, como se os llevaba, a los ídolos mudos. Por tanto, os hago saber que nadie que hable por el Espíritu de Dios llama anatema a Jesús; y nadie puede llamar a Jesús Señor, sino por el Espíritu Santo.*

Los corintios antes de venir al Señor eran paganos hasta tal punto que estaban ocupados con el espiritismo, y en el espiritismo hay un sistema definido de actividad falsa del Espíritu Santo.

El espiritismo tal como lo conocemos hoy en día puede producir el hablar en lenguas, y todas las demás cosas, tales como poderes, milagros, y así sucesivamente.

Todo el sistema aquí está falsificado en el espiritismo. El paganismo de estos corintios es visto en que iban a ídolos mudos, y en conexión con la adoración de ídolos hubo manifestaciones espirituales, y vinieron bajo un falso espíritu.

La palabra griega «apagō» implica «ser llevado», al punto que ustedes actúan y hablan como si estuvieran bajo control. El apóstol está aquí usándolo con respecto a las personas que están bajo el control de un poder. Si estás bajo el control de un espíritu maligno no dirás: «Jesús es el Señor». El espíritu maligno no dirá eso.

El punto es este, que no había entre estas personas en Corinto un claro discernimiento entre el espiritismo y el Espíritu Santo. Ellos habían estado en lo falso ahora estaban en lo verdadero y no podían discernirlo. ¿Por qué no pudieron discernirlo? Porque estaban tan ocupados con experiencias, manifestaciones, demostraciones, sensaciones, con todo lo que es evidencia aparente de algo. Ese es el peligro.

El peligro es querer una experiencia, querer una evidencia, querer tener una sensación. Eso es carnalidad, y mezclarás el Espíritu Santo con el espiritismo si no tienes cuidado en esa línea, y multitudes lo están haciendo. Ellos piensan que es el Espíritu Santo cuando es algo falso.

Es por eso por lo que el apóstol va tan firmemente en este asunto. Es como decir: «Ten cuidado; no pongas las cosas en el lugar equivocado; no des importancia a algo que no es tan importante como crees que es».

Según Pablo, hablar en lenguas no es tan importante como a veces se enfatiza. Eso no significa que no están los dones reales, genuinos y legítimos del Espíritu Santo. En el resto del capítulo 12 Pablo los considera.

Al mismo tiempo debemos tener un balance, debemos tener entendimiento y sabiduría espirituales en este asunto. ¿Cuál fue el problema de los corintios? Que para ellos los dones eran algo personal de una manera individual y elevándolos a solo una experiencia personal, para ellos eso era todo.

En 1 Corintios 12:4-7, Pablo confronta esa actitud:

Ahora bien, hay diversidad de dones, pero el Espíritu es el mismo. Y hay diversidad de ministerios, pero el Señor es el mismo. Y hay diversidad de operaciones, pero Dios, que hace todas las cosas en todos, es el mismo. Pero a cada uno le es dada la manifestación del Espíritu para provecho.

Luego hace una lista de dones y dice, verso 12:

Porque, así como el cuerpo es uno, y tiene muchos miembros, pero todos los miembros del cuerpo, siendo muchos, son un solo cuerpo, así también Cristo.

Pablo está estableciendo aquí, ¿dones espirituales? Seguro que sí. ¿Para qué? Para yo gloriarme, para ser gratificado, o hablar de mis experiencias, esta es la prueba. ¿El don es para mi beneficio personal o para beneficio de todo el cuerpo? Esto es un asunto de cuerpo no de individuos. Si no es para edificación del cuerpo, divide la Iglesia.

Ese fue el problema en Corinto, ellos lo hicieron un asunto de gratificación personal y terminaron gloriándose ellos mismos. Eso es carnalidad, eso es inmadurez. La espiritualidad no tiene nada del Señor para sí misma, y nunca hace que nada del Señor sea la base de su propio placer y gratificación, y de la gloria personal, individual y sin relación alguna. La espiritualidad tiene todo en relación con todos los santos, para el crecimiento de Cristo. No ve ningún valor en nada aparte de eso.

Permítame concluir este capítulo con lo siguiente. La esencia de la espiritualidad es el amor. Este es el planteamiento del capítulo 13 de 1 Corintios:

> *Si yo hablase lenguas humanas y angélicas, y no tengo amor, vengo a ser como metal que resuena, o címbalo que retiñe. Y si tuviese profecía, y entendiese todos los misterios y toda ciencia, y si tuviese toda la fe, de tal manera que trasladase los montes, y no tengo amor, nada soy. Y si repartiese todos mis bienes para dar de comer a los pobres, y si entregase mi cuerpo para ser quemado, y no tengo amor, de nada me sirve. El amor es sufrido, es benigno; el amor no tiene envidia, el amor no es jactancioso, no se envanece; no hace nada indebido, no busca lo suyo, no se irrita, no guarda rencor; no se goza de la injusticia, más se goza de la verdad. Todo lo sufre, todo lo cree, todo lo espera, todo lo soporta. El amor nunca deja de ser; pero las profecías se acabarán, y cesarán las lenguas, y la ciencia acabará. (vv. 1-8)*

La esencia de la espiritualidad no son los dones. Eso no significa que dejo una y tengo otra. No es que tenemos que escoger entre los dones y el amor. Lo que Pablo está considerando es que si lo que hacemos no es gobernado por el amor, entonces aun los dones en un hijo inmaduro pueden ser usados para satisfacer las obras de la carne.

Para que los dones cumplan la razón por la cual fueron dados—la edificación del cuerpo de Cristo—el instrumento tiene que ser espiritual y la evidencia de la espiritualidad es el amor. Cuando el amor está ausente entran la sabiduría del mundo, las divisiones, las astucias humanas y las lujurias de la carne. Y, de esto es que se alimentan los buitres.

Capítulo 8

LA NECESIDAD DE DECISIONES SABIAS

¿Se remonta el águila por tu mandamiento,
y pone en alto su nido?
Ella habita y mora en la peña,
en la cumbre del peñasco y de la roca.

—Job 39:27-28

L A CONSTRUCCIÓN DEL nido es una de las decisiones más importantes que el águila debe tomar en su vida. En este nido pasará alrededor de cincuenta años, criando a sus polluelos y dominando esa región. Los lugares altos son sus favoritos, preferiblemente los inaccesibles, como las hendiduras de una montaña. La altura donde construirá su nido puede llegar hasta los 10 000 pies. Su diseño está compuesto por varios materiales (ramas, hojas y pieles de animales recién devorados) y está diseñado para proteger al águila del mal tiempo, proteger a sus aguiluchos y ser un cómodo lugar de descanso.

Luego de localizar el lugar elegido, comienza el trabajo de construir su nido que puede llegar a pesar de una a dos toneladas. Los materiales necesarios para la construcción no están a la inmediata disposición del águila, lo cual hace necesario que tenga que trabajar muy duro para preparar su nido. En este proceso el águila hará cientos de viajes, y en ocasiones cargará más de su propio peso a una altura de más de 10 000 pies. Una vez que termina el fundamento del nido, el águila hembra se queda en él arreglándolo, mientras que el macho continúa llevando algunos otros elementos para finalizar la construcción. La profundidad del nido con solo una abertura es de dieciocho pulgadas en la parte superior. El ancho puede medir entre seis y diez pies, dependiendo del tamaño de las alas del águila.

El buitre es totalmente distinto, el macho es irresponsable en la preparación del nido y no ayuda a localizar el lugar para hacer el nido. Prefiere comer antes de preparar el lugar donde vivirá. Esta irresponsabilidad causa que espere hasta el último momento, y desesperadamente llega a hacer un nido en árboles bajos y aun en el piso.

El nido del águila representa nuestra vida. Los materiales que usamos para construirla determinarán la durabilidad, efectividad y calidad de vida que disfrutaremos. La diferencia entre estas dos aves expresa la importancia de tomar sabias decisiones en la vida. El águila no es solamente un ave impresionante, sino que lo que ella hace está relacionado con su naturaleza. Ella no puede actuar como un buitre. Estas diferencias se resumen en dos factores:

+ Lo que el águila es
+ Lo que el águila hace

Paralelamente a nosotros, somos quienes somos y lo que hacemos. La vida es una composición de decisiones que determinan su estado, condición y progreso. Hoy estás en el lugar que escogiste ayer. Su presente es un reflejo de las decisiones de su pasado. Uno de los mayores errores que puede cometer una persona es excusar su presente por las experiencias del pasado. Somos el resultado de buenas y malas experiencias en la vida. El evangelio no promete una vida inmune de problemas, sino que nos provee la presencia de Dios para enfrentarlos con valentía y determinación. Algunos han atravesado dolorosas experiencias que pueden haber marcado su vida y haberlos paralizado por un tiempo; aun para esas traumáticas experiencias, el Señor dispensa una mayor gracia de amor y sanidad.

Los distintos tipos de personalidades tienen diferentes patrones o rasgos de toma de decisiones. Algunos tienen una fuerte voluntad y tienden a tomar decisiones rápidas e impulsivas basadas en la conveniencia. Creyendo que el cambio siempre es bueno, a menudo son polémicos y asertivos. Para este tipo de personas su frase favorita es la de Nike, ¡Solo hazlo! (*Just Do It!*). Otros quieren tomar decisiones en el contexto de un comité, donde pueden hablar de los temas y reclutar a otros para que tomen la decisión con ellos. Quieren evitar la culpa individual cuando a otros no les gusta la decisión que han tomado. Luego están aquellos que prefieren dejar que otros tomen decisiones por ellos. «Lo que tú decidas; está bien para mí». Son ambivalentes y aplazan tomar decisiones, ya que no les gusta el cambio. Otro patrón de toma de decisiones es el de aquellos que son muy idealistas y piensan que deben hacer una elección perfecta todo el tiempo, nunca haciendo una elección equivocada. Investigan sus opciones meticulosamente y a menudo terminan en la parálisis del análisis, pero están convencidos de que su conclusión y elección siempre es correcta. Ninguno de estos enfoques es más correcto que otro, ya que todos ellos exponen nuestras tendencias autoorientadas, autoafirmadas y autoprotectoras en la toma de decisiones. Ahora bien, ¿Cómo debe uno que ha nacido de Dios tomar decisiones?

La toma de decisiones entre los cristianos parece ser aún más complicada. La religión cristiana a menudo fomenta la necesidad de elegir ser más comprometidos, decidir ser más dedicados, esforzarse para ser más consagrados. Es un tipo de humanismo evangélico. No hay «descanso» en eso, porque nunca es suficiente.

El humanismo evangélico ignora que el compromiso humano es solo otra forma de salvación por «obras». Nuestra única opción consistente es estar sometidos a Dios para cualquier cosa que Él se comprometa a ser y hacer en nosotros. El compromiso está del lado de Dios. Santiago escribió: «Someteos a Dios» (Santiago 4:7), y así podremos «descansar» en su suficiencia.

> LA «VOLUNTAD DE DIOS» ESTÁ DENTRO DE NOSOTROS POR MEDIO DE LA UNIÓN DEL ESPÍRITU, Y SIEMPRE TIENE QUE VER CON LA EXPRESIÓN DEL CARÁCTER DE CRISTO.

La mayoría de las enseñanzas cristianas sugieren que debemos descubrir, conocer y tomar decisiones de acuerdo con la «voluntad de Dios». Esta precisa «voluntad de Dios» es a menudo vista como si fuera un curso trazado predeterminadamente, y debemos buscar la dirección con nuestra brújula espiritual para encontrar el curso que Dios ha delineado para nuestras vidas. Algunos consideran que la búsqueda de la «voluntad de Dios» es algo así como un misterio que está oculto en Dios. Otros ven la búsqueda de la «voluntad de Dios» como un proceso fortuito que en algún momento se le cruza en su camino y le confirma que esa es la «voluntad de Dios». Los cristianos buscan la «voluntad de Dios» en todos los lugares equivocados.

La «voluntad de Dios» está dentro de nosotros por medio de la unión del espíritu, y siempre tiene que ver con la expresión del carácter de Cristo. Tenemos la libertad de hacer cualquier elección dentro del contexto del carácter empoderador de Dios. A Dios no le importa si conduces un Chevy, un Ford, o un Toyota, si tienes un Iphone de último modelo o si usas ropa de marca y zapatos de diseñadores, pero sí le importa si «el fruto del espíritu» se exhibe mientras usas lo que eliges. Tenemos una gran latitud y libertad en nuestra toma de decisiones como cristianos incluso en nuestras elecciones de relaciones.

Los malabarismos por los que pasan muchos cristianos en su toma de decisiones son una burla a la función humana. Muchos cristianos parecen estar atados con una lista interminable de limitaciones y expectativas perfeccionistas. Están «secando vellones» (cf. Jue. 6:36-40) para ver si Dios confirmará sus decisiones. Otros están «esperando en Dios» en la indecisión, no entendiendo que la indecisión es en sí misma una decisión de no decidir, y que a menudo es una decisión de no confiar en Cristo en su interior. La espera continua de «confirmación» o «permiso» y sentarnos a esperar que algo dentro de nosotros nos dé «testimonio», no es la manera como los hijos de Dios operan en la vida. Se ha dicho, «No puedes dirigir un barco a menos que se esté moviendo». Algunos están paralizados e inmovilizados por el miedo de cometer un error, de tomar una decisión equivocada, o una decisión menos que perfecta de acuerdo con la desconocida «voluntad de Dios». Se vuelven paranoicos en sus preguntas: «¿Es esto lo que quiero hacer, o es esto lo que Jesús quiere hacer? ¿Cómo decido?». Tal inquietud problemática produce un dolor emocional excesivo, muy común en muchas enseñanzas cristianas.

Por otro lado, hay cristianos que hacen una demostración de piedad farisaica, afirmando tener un «perfecto detector de la voluntad de Dios» para sus decisiones. La frase favorita de este grupo es: «*Dios me dijo que hiciera esto; Dios me dijo que hiciera aquello*». ¿Se han dado cuenta de que su Dios a menudo parece ser inconsistente en su cambio de dirección? He llegado a la conclusión que aquellos que tienen que transmitir la supuesta dirección de Dios en sus vidas, generalmente están encubriendo su propia dirección y toma de decisiones autodeterminadas.

> LOS HIJOS DE DIOS ENCONTRARÁN DESCANSO EN SU ALMA EN SU TOMA DE DECISIONES CUANDO SE DEN CUENTA DE QUE SUS DECISIONES NO ESTÁN ESTABLECIDAS EN CONCRETO.

Suena tan espiritual cuando un cristiano dice: «*Yo tomé una buena decisión porque escogí lo que Dios quería*». Dios siempre quiere expresar su carácter mediante la obra de su Hijo, Jesucristo, en la conducta humana. Eso no nos exime de la toma de decisiones. Tal vez sea mejor decir: «*Él que mejor decide es aquel que elige ser receptivo a la expresión del carácter de Dios permitiendo que la vida del Cristo vivo se viva en su comportamiento*». Somos seres que son responsables de tomar decisiones en la vida. Así como Jesús enfrentó la muerte y no negó la elección responsable de decir, «No se haga mi voluntad, sino la tuya» (Lucas 22:42) así también debemos de nosotros enfrentar la vida.

Entonces, ¿cómo hacemos elecciones en nuestra voluntad de acuerdo con la «voluntad de Dios»? Estoy convencido de que la elusiva «voluntad de Dios» solo está oculta o desconocida para aquellos que no reconocen y afirman quiénes son en Cristo y todo lo que se les ha dado en unión espiritual con Él. Cuando estamos seguros de nuestra identidad en Cristo y la suficiencia de Cristo en nuestro interior, enfrentamos las opciones de vida al considerar de manera realista las opciones y alternativas disponibles, consultando con otros si consideramos que son útiles, en la multitud de consejeros hay sabiduría (Proverbios 15:22; 20:18; Lucas 14:31), y escuchando esa voz interior de la revelación personal de Dios en el discernimiento espiritual y la obediencia, y luego siguiendo con una decisión de receptividad y disponibilidad a Dios, a pesar de cuán tonta pueda parecer nuestra acción tanto a nuestras propias mentes como a la de los demás.

Una vez hemos tomado una decisión, confiamos en nuestras decisiones y actuamos con confianza, dispuestos a asumir la responsabilidad de nuestras decisiones de voluntad sin culpar a otros y dispuestos a vivir con las consecuencias de nuestras elecciones. Claro, no todas las decisiones serán certeras, algunas elecciones serán estúpidas e imprudentes (tal vez hasta egoístas y pecaminosas), y puede que no nos gusten las consecuencias, pero seguimos siendo hijos de Dios que se mueven para hacer elecciones adicionales de disponibilidad.

Los hijos de Dios encontrarán descanso en su alma en su toma de decisiones cuando se den cuenta de que sus decisiones no están establecidas en concreto. Los que han nacido de Dios necesitan estar dispuestos a tomar decisiones de acuerdo con su intuición cuando «parece ser lo correcto». Deben sentirse libres de «seguir sus sueños», pues Dios les ha dado a menudo esas aspiraciones como «el deseo de su corazón»

(Salmo 20:4; 21:2). Podemos consolarnos en las palabras de la comisión de Samuel a Saúl: « Y cuando te hayan sucedido estas señales, haz lo que te viniere a la mano, porque Dios está contigo» (1 Samuel 10:7).

Somos libres de caminar por la vida con la confianza de que el «Sí» divino está operando dentro de nosotros. Habiendo tomado una decisión, consideramos que es de Dios y asumimos que es correcta, a menos que Dios haga una exposición obvia de lo contrario, lo cual tiene todo el derecho de hacer, e incluso cuando lo hace no afecta la legitimidad o propiedad de nuestra decisión. Hay un gran «descanso» en ese reconocimiento.

Hay algunos cristianos que parecen pensar que, porque tienen la «mente de Cristo» y la «voluntad de Dios», por su unión espiritual con Cristo, cada decisión que toman es automática y espontáneamente la determinación de Dios. Piensan que en la unión del espíritu su voluntad se fusiona con la voluntad de Dios, y todas sus elecciones son determinaciones de Dios impulsadas directamente. Por el contrario, creo que nuestra voluntad, en conjunto con nuestra mente y emociones, ha sido moldeada por viejos patrones de elección de acciones y reacciones del pasado. Después de nacer de Dios, no se eliminan las formas y patrones de la forma en como tomábamos decisiones en el pasado. Si no hacemos a propósito, momento a momento, la elección y la voluntad de hacer una elección de fe para permitir que Dios sea operativo en nuestro comportamiento, entonces volveremos espontáneamente a los viejos patrones.

Somos continuamente responsables de hacer elecciones de fe para ser receptivos a la actividad de Cristo en nuestras vidas. La fe es una elección, una decisión. No es sólo la creencia de hechos históricos exactos y doctrinas teológicas. No es una devoción mística de apego y confianza. La fe no HACE nada; sólo recibe el carácter y la actividad de Dios. La vida en Cristo se compone de tales opciones de fe que permiten nuestra receptividad de la actividad de Cristo. Cuando caminamos en Cristo de la misma manera que lo recibimos «por fe» (Colosenses 2:6) nuestras voluntades pueden «descansar» de la presión de realizar y producir una conducta cristiana, y simplemente continuar recibiendo el carácter y el poder de Cristo. Sin embargo, no «descansamos» de la necesidad de tener que tomar decisiones.

Capítulo 9

DINÁMICAS DE LAS DECISIONES

Estoy convencida de que se debe hacer todo lo
posible en la niñez para enseñar a los jóvenes a usar
sus propias mentes. Porque una cosa es segura:
si no se deciden, alguien lo hará por ellos.

—ELEANOR ROOSEVELT, PRIMERA DAMA, EE. UU.

EL PROCESO HACIA las decisiones correctas debe iniciarse con un correcto ordenamiento de nuestras ideas y proyección de futuro. Cuando tenemos en nuestra mente el concepto de una idea, es necesario expresarla en un papel para llevarla al punto de realización, para darle forma. Entonces debemos tener en cuenta algunas consideraciones:

Primero: Escribirla

Segundo: Buscar información acerca del tema

Tercero: Armar una estructura que soporte esa idea para establecer un plan de trabajo

Cuarto: Implementarla

Los latinoamericanos somos especialistas en ideas creativas, pero permítame decirle que Dios no bendice ideas, sino trabajo. Si decides hacer algo y no lo haces, eso se llama indecisión. Una persona indecisa es inconstante, dividida y de doble ánimo: «*El hombre de doble ánimo es inconstante en todos sus caminos*» (Santiago 1:8).

Cuando decidimos poner en acción las ideas planeadas y agregarle acción comienzan a surgir obstáculos que interrumpen el proceso. En general, esos obstáculos pueden ser el pasado, la raza, las relaciones, la educación o la falta de ella, la actitud y los temores. Ante cada decisión, el factor *temor* siempre estará presente. Hoy somos el resultado de las decisiones que tomamos ayer, y mañana seremos el resultado de lo que decidamos hoy. Lo animo a que deje atrás sus malas experiencias, fracasos, temores, indecisiones y su irresponsabilidad. Abandone ese compromiso que no lo lleva a ningún lado, y a lograr metas con Dios. Cuando comience a abandonar todo aquello que impide su progreso, enfrentará diferentes sentimientos:

Temor – ¿Qué sucederá?

Depresión – ¿Podré lograrlo?

Desánimo – Es muy fuerte para mí

Confusión – ¿Cómo lo haré?

PROCESO PARA LA TOMA DE DECISIONES CORRECTAS

Moisés experimentó los dos extremos opuestos de las decisiones de la vida. Durante su juventud tomó una mala decisión en el tiempo incorrecto y se convirtió en un desastre, ya que asesinó a un egipcio. Sin embargo, cuando fue adulto, su decisión lo llevó a ser el gran libertador del pueblo de Israel. Consideremos esto a la luz del relato bíblico:

> *«Por la fe Moisés, hecho ya grande, rehusó llamarse hijo de la hija de Faraón, escogiendo antes ser maltratado con el pueblo de Dios, que gozar de los deleites temporales del pecado, teniendo por mayores riquezas el vituperio de Cristo que los tesoros de los egipcios; porque tenía puesta la mirada en el galardón. Por la fe dejó a Egipto, no temiendo la ira del rey; porque se sostuvo como viendo al Invisible. Por la fe celebró la pascua y la aspersión de la sangre, para que el que destruía a los primogénitos no los tocase a ellos. Por la fe pasaron el Mar Rojo como por tierra seca; e intentando los egipcios hacer lo mismo, fueron ahogados»* (Hebreos 11:24-29).

La prisa es el enemigo de las decisiones. *«Moisés, hecho ya grande»* (Hebreos 11:24) Esta frase indica que era el tiempo correcto para tomar decisiones. Uno de los obstáculos que tenemos que vencer para tomar decisiones correctas es la PRISA. Nunca se debe tomar decisiones si estamos ansiosos y apurados. Evidentemente el tiempo de Moisés había llegado. Si Dios le ha hablado, no significa que tiene que ejecutarlo inmediatamente. Toda decisión requiere un tiempo prudencial de preparación mental, física y espiritualmente. Si hay cosas que están detenidas en su vida, no se apresure. Prepárese para tomar buenas decisiones. A través de Hebreos:11 descubriremos el proceso de tomar decisiones correctas a través de los siguientes puntos:

1.   **Rehusar basándose en nuestras convicciones**

«...*rehusó* llamarse hijo de la hija de Faraón» *(Hebreos 11:24, énfasis añadido).*

La palabra «rehusar» equivale a negar, denunciar. Rehusamos lo que percibimos negativo y que compromete nuestras convicciones. Moisés rehusó llamarse hijo de la hija de faraón. El rechazo de Moisés repre sentaba una decisión importante en su vida, ya que esto representaba títulos y derechos especiales. Moisés rehusó la fama, el dinero, el trono, las tierras y las influencias que ese lugar le otorgaba. Sin embargo, «escoger» representa la selección. Escogemos lo que percibimos que honrará nuestras convicciones.

2.   **Escoger, aún sufrir, por tomar decisiones correctas**

«*Escogiendo* antes ser maltratado, que gozar de los deleites tempo- rales del pecado» *(Hebreos 11:25, énfasis añadido).*

UNO DE LOS OBSTÁCULOS QUE TENEMOS QUE VENCER PARA TOMAR DECISIONES CORRECTAS ES LA PRISA.

Para establecer prioridades entre varias opciones es necesario realizar una evalua- ción antes para luego escoger. Si queremos tomar decisiones correctas debemos tener prioridades definidas. El 95% de lo que se logra es por haber determinado previamen- te lo que se quiere y estar dispuesto a esfor- zarse por eso.

Luego que evalúa sus alternativas, lo siguiente es establecer prioridades. Hasta que no tenga prioridades claras, la indecisión estará presente. Las prioridades son aquellas cosas que se definen de antemano para no comprometer convicciones. Aquello que esté dispuesto a comprometer determinará a quién quiero servir. Moisés escogió ser maltratado y tuvo que sufrir aflicción como resultado de hacer la voluntad de Dios, en lugar de tomar malas decisiones con relación a sus convicciones y principios. Moisés estaba determinado en lo que él quería. Hay sufrimientos que son el resultado de tomar decisiones correctas, pero hay sufrimientos que son el resultado de nuestros pecados, como, por ejemplo:

+ Cuando se sufre por desobediencia
+ Cuando se sufre por mentira
+ Cuando se sufre por alejarnos de Dios

El sufrimiento de Moisés fue por hacer la voluntad de Dios; no por tomar malas decisiones. En una ocasión el Señor dijo: «*Bienaventurados sois cuando por mi causa os vituperen y os persigan y digan toda clase de mal contra vosotros mintiendo. Gozaos y alegraos porque vuestro galardón es grande en los cielos, porque así persiguieron a los profetas; que fueron antes de vosotros*» (Mateo 5:11-12).

Si el sufrimiento es fruto de malas decisiones por no tener prioridades definidas, el paso siguiente es reconocer donde estuvo el fallo y reorganizar sus prioridades. Para un verdadero creyente, sus decisiones siempre deben ser consistentes con el plan de Dios para su vida.

3.   Estimar prioridades para el futuro

«...*teniendo* por mayores riquezas el vituperio de Cristo que los tesoros de los egipcios; porque tenía puesta la mirada en el galardón» (Hebreos 11:26, énfasis añadido).

Tener y *estimar* son términos que equivalen a «honrar, tener algo en alta estima, balancear, medir». Muchas personas toman decisiones sin juzgar las opciones, sin pensar las alternativas, sin medir cómo esa decisión afectará su futuro. Moisés tuvo que decidir entre ser un rey en la tierra o un rey para Dios. Disfrutar de los deleites temporeros del pecado o estar dispuesto a sufrir por Cristo para una mejor recompensa. Nunca tome decisiones de calidad, si no representan el carácter de Cristo en su vida.

4. Dejar el pasado atrás para mirar el propósito

«Por la fe dejó Egipto, no temiendo la ira del rey» (Hebreos 11:27, énfasis añadido).

> **NUNCA TOME DECISIONES DE CALIDAD, SI NO REPRESENTAN EL CARÁCTER DE CRISTO EN SU VIDA.**

En toda decisión hay que dejar asuntos atrás. Esta es la etapa de acción. Moisés decidió hacer algo y lo hizo. En esta etapa no hay planificación, sino acción. Moisés no temió en el momento de decidir y poner en acción el plan de Dios. No debes temer. Haz lo que tengas que hacer. Deja lo que tengas que dejar. Decide tomar acción. Nadie puede hacer por ti lo que solo tú tienes que hacer.

5. Celebrar la renovación del pacto con Dios

«Por la fe celebró la pascua y la aspersión de la sangre, para que el que destruía a los primogénitos no los tocase a ellos» (Hebreos 11:28, énfasis añadido).

El término «celebrar» proviene del griego *«poleo»* que significa «estar de acuerdo, observar, hacer». Este paso se refiere a «hacer lo que ya sabemos». Cuando no sabes qué hacer tienes que hacer lo que sabes, aquello con lo cual haz estado de acuerdo con Dios.

PROCESO DE LA PERSEVERANCIA

Como parte del proceso de las decisiones correctas es necesario aprender el secreto de la perseverancia. Alguien dijo: «La mejor forma de salir de un problema es pasándolo». Perseverar es persistir en un propósito sin importar las dificultades. Este término proviene de una palabra latina que significa: «Duro como el hierro. Duradero. Que no se gasta fácil». Cuando Moisés decidió salir de Egipto, rehusó los ofrecimientos y aun escogió ser maltratado. Dejó aquello que le impediría cumplir con la voluntad de Dios y se sostuvo, perseveró, se mantuvo firme y fue constante, porque su decisión estaba fundada en convicciones y no en emociones.

Las decisiones tienen que ser tomadas por convicciones firmes, porque de esa manera, cuando lleguen los problemas, se podrá sostener, ya que la victoria siempre es de aquél que no se rinde.

El secreto para lograr sus metas consta de tan solo cuatro pasos:

1. *Planifique con propósito*
2. *Prepárese en oración*
3. *Proceda con fe*
4. *Persígalo con persistencia*

Edward B. Butler, científico estadounidense, dijo: «Un hombre tiene entusiasmo por 30 minutos, otro por 30 días, pero solo el hombre que lo tiene por 30 años tiene éxito en la vida». Decida ser persistente. No se rinda ante sus problemas. Decida levantarse, resolverlos, servir a Cristo y mejorar. Luego, persevere hasta lograrlo.

Moisés no temió «*porque se sostuvo como viendo al Invisible*» (Hebreos 11:27). Esa es la clave para mantener su mirada en el Señor.

> «*Puestos los ojos en Jesús, el autor y consumador de la fe, el cual por el gozo puesto delante de él sufrió la cruz, menospreciando el oprobio, y se sentó a la diestra del trono de Dios*» (Hebreos 12:2).

> «*Poned la mira en las cosas de arriba, no en las de la tierra*» (Colosenses 3:2).

> «*Prosigo a la meta, al premio del supremo llamamiento de Dios en Cristo Jesús*» (Filipenses 3:14).

El ejemplo de Abraham también es parte de esta enseñanza. Su perseverancia se evidencia luego de atravesar un proceso en el que primero debió creer lo que Dios le dijo, aunque parecía imposible. Por esa razón no debe permitir que las circunstancias debiliten su fe. Adore a Dios en el proceso para que la duda no lo domine. Después de atravesar estos pasos del proceso déjele los resultados a Dios, así se sostendrá como viendo al invisible.

> «El creyó en esperanza contra esperanza, para llegar a ser padre de muchas gentes, conforme a lo que se le había dicho: Así será tu descendencia. Y no se debilitó en la fe al considerar su cuerpo, que estaba ya como muerto (siendo de casi cien años), o la esterilidad de la matriz de Sara. Tampoco dudó, por incredulidad, de la promesa de Dios, sino que se fortaleció en fe, dando gloria a Dios, plenamente convencido de que era también poderoso para hacer todo lo que había prometido» (Romanos 4:18-21).

PROCESO DE LA DETERMINACIÓN

Finalmente, para alcanzar lo que anhelamos, debemos atravesar el proceso de la determinación. Asombrosamente y por fe, el pueblo de Israel cruzó el mar Rojo como por tierra seca. Los egipcios al intentar hacer lo mismo se ahogaron. Luego de atravesar la dinámica de una decisión, así como lo hizo Moisés: estima, rehúsa, escoge, deja y persevera, pasa al siguiente proceso, el de la determinación.

La palabra «determinación» representa firmeza. Una persona determinada es una persona decidida. Si no tiene determinación, los obstáculos lo vencerán. Cuando en el camino de la vida se nos aparecen obstáculos como la ansiedad, el desánimo, la inseguridad, el temor, la crítica, la falta de recursos, la soledad, la confusión, las emociones, los amigos, la familia y las finanzas, necesitarás determinación para atravesarlos. No esperes a que llegue el problema para decidirte, debes pasarlo. Tú te decidirás a hacerlo antes que el problema llegue. Cuando no sabes qué hacer, no haces nada. Siempre haz aquello que sabes hacer y en lo cual has estado de acuerdo con Dios.

¿Qué hacer cuando enfrentamos decisiones difíciles?

Jesús trató con situaciones difíciles siempre de la misma forma, tanto en el Monte de la tentación o en el Getsemaní. Siempre tomó decisiones correctas y obedeció. ¿Cómo Cristo tomaba decisiones?

Mantenía sus objetivos. Él sabía lo que quería y cómo lo lograría. Esto es imposible si no sabe cuál es la voluntad de Dios para su vida. Moisés sabía cuál era su llamado y nunca perdió el enfoque. Jesús vino a morir por nosotros en la cruz y cada decisión fue probada en contra de su llamado.

Prestaba atención a las Escrituras. Jesús no tomaba decisiones basadas en la razón. Él decía: «Escrito está». Muchos de nuestros problemas son el resultado de no hacer caso a lo que está escrito.

Ayudaba a otros antes que a sí mismo. El Señor dijo: «Nadie me quita la vida, yo mismo la doy». Cuando otros son primero, las decisiones son más fáciles.

> CUANDO POR FE OBEDECES A DIOS, CIERRAS LA PUERTA AL PECADO.

Jesús oraba. «También les refirió Jesús una parábola sobre la necesidad de orar siempre, y no desmayar» (Lucas 18:1). Jesús oró antes de escoger a sus discípulos, oró antes de ir a la cruz y ora constantemente por nosotros.

¿Qué NO hacer en momentos de decisiones difíciles?

No desesperarnos, perder o abandonar la esperanza, perder la fe, un profundo desánimo o desatar furia ciega. Cuando no sabe qué hacer, cuando todo le ha fallado, tiene que celebrar y ponerse de acuerdo con Dios.

No perder el enfoque. El propósito de Dios no cambia con sus problemas. Cuando Dios le dijo a Moisés que lo sacaría de Egipto, lo sacó. Si Dios le dijo que lo bendeciría, lo bendecirá. Si le dijo que salvaría a sus hijos, los salvará. Cuando Él le dijo que le provee- ría, le proveerá. Cuando Él le dijo que no tema, es porque lo está cuidando.

La meta propuesta por Moisés era sacar al pueblo de Egipto, y para que esto ocurriera tuvo que actuar en fe. Nadie sabía hacia dónde irían, pensaban en lo peligroso del camino y cómo llegarían a la Tierra prometida, pero la fe superó la duda y partieron rumbo a su futuro. Moisés estaba de acuerdo con Dios, tenía un objetivo, estaba enfocado en su propósito. Cuando por fe obedeces a Dios, cierras la puerta al pecado.

Capítulo 10

DESTINADO PARA LAS ALTURAS

«En las profundidades del invierno aprendí que
dentro de mí hay un invencible verano».
—ALBERT CAMUS (1913-1960), ESCRITOR

LUEGO DE TERMINAR su nido, la pareja de águilas está lista para comenzar su nueva familia. Durante el tiempo de invierno el águila hembra se queda en el nido incubando los huevos, mientras que el águila macho caza y pesca para alimentar a su familia. Esta no es una fácil tarea, porque todavía puede haber nieve en la tierra, lo cual dificulta las responsabilidades del águila. Sin embargo, día tras día lleva el alimento necesario para su familia. Durante este tiempo de frío las águilas no emigran al sur, sino que permanecen en el nido calentando los huevos.

El promedio de huevos es tres, pero usualmente no logran nacer más de dos. Esta determinación del águila de quedarse durante el invierno en su nido manifiesta otra cualidad indispensable para una vida en las alturas. Durante ese tiempo, el águila muestra una firme resolución de atravesar la temporada de frío y no escoger el facilismo o el escape. A esta decisión podemos llamarla fe.

¿Qué es la fe?

La fe se define mejor como «la manera que recibimos y respondemos lo que el Señor está haciendo en nosotros». Inicialmente somos receptivos a la acción redentora de Jesucristo en nuestro favor, (lo que hizo por nosotros) y nos mantenemos receptivos a la obra del Espíritu de Cristo que viene a habitar y a regenerar nuestro espíritu, (conformarnos a la imagen del Hijo).

Hay que evitar dos extremos. El primero enfatiza demasiado la soberanía de Dios e implica que el hombre es incapaz de responder, o no tiene necesidad de responder, a la acción de Dios, (calvinismo). El segundo extremo sobre enfatiza la responsabilidad y la actividad del hombre, indicando que la vida en Cristo depende del compromiso, la dedicación y el desempeño de una teología de las «obras» (armenianismo). Una perspectiva bíblicamente equilibrada de la responsabilidad de los hijos de Dios es una necesidad.

Escribiendo a los gálatas que estaban siendo mal informados acerca de sus responsabilidades como hijos de Dios, Pablo pregunta: «¿Recibisteis el Espíritu por las obras de la Ley o por el oír con fe?» (Gálatas 3:2). La respuesta inicial de los gálatas al mensaje fue «por gracia por medio de la fe; y esto no de vosotros, pues es don de Dios, no por obras, para que nadie se gloríe» (Efesios 2:8-9). De la misma manera que su respuesta inicial a la obra redentora de Jesucristo, sus responsabilidades continuas como hijos de Dios no eran por las «obras de la ley», sino por «escuchar con fe».

Pablo pregunta: «¿Habiendo comenzado por el Espíritu, ahora vais a acabar por la carne?» (Gálatas 3:3). La respuesta implícita a esta pregunta retórica es obviamente, «¡No!». No es responsabilidad de los hijos de Dios ser perfeccionados y santificados por el esfuerzo personal de su propia energía.

Los hijos de Dios debemos ser receptivos a la gracia continua de Dios en Jesucristo para poder manifestar su carácter y actividad en nuestra conducta. La definición de fe como *«la manera que recibimos y respondemos a lo que el Señor está haciendo en nosotros»*, presupone que Dios creó al hombre con la capacidad de responder a un ser espiritual. El ser humano tiene una *«capacidad de respuesta»*, (responsabilidad), para responder a la actividad espiritual y valerse de ella.

> LA FE SE DEFINE MEJOR COMO «LA MANERA QUE RECIBIMOS Y RESPONDEMOS LO QUE EL SEÑOR ESTÁ HACIENDO EN NOSOTROS».

Dios se autolimitó funcionalmente para actuar en correspondencia con las elecciones de dependencia y eventualidades que el hombre pudiera hacer, pero al elegir, los seres humanos deben asumir las consecuencias de sus decisiones. La fe es la elección responsable del hombre para obtener todo de Dios. John Murray explica que «la fe no es el acto de Dios».

En fe recibimos y descansamos en Cristo. Al reconocer que la fe es una elección voluntaria del hombre, se debe hacer una cuidadosa aclaración al negar que tal elección tenga algún significado causal o algún beneficio meritorio ante Dios. La elección humana de la fe no hace de ninguna manera que Dios dependa de la respuesta del hombre.

Nuestras respuestas de fe no son sólo el reconocimiento mental de lo que Dios ha hecho o está haciendo, ni tampoco son resoluciones de nuestra voluntad para activar nuestro comportamiento de acuerdo con las expectativas de Dios. La respuesta de la fe es la voluntad del hombre de ser receptivo a la actividad de Dios. El ministro y autor escocés

William Barclay señaló que «el primer elemento de la fe es lo que solo podemos llamar receptividad». Esto no es simplemente receptividad de los hechos; no solo receptividad del significado de los hechos; sino receptividad de Jesucristo.

Las populares, pero inadecuadas, definiciones de fe deben ser reemplazadas por una comprensión más bíblica de «nuestra receptividad de la actividad de Dios». La fe es mucho más que estar de acuerdo con la veracidad de datos históricos y teológicos. La famosa frase, «si la Biblia lo dice yo lo creo», es un ejemplo de esto. La fe es mucho más que la garantía subjetiva de sentimientos internos de paz y bienestar. La fe es mucho más que una determinación voluntaria de responder a «principios», «códigos», «revelaciones» o a un «estándar de moralidad». La fe es nuestra elección para permitir que Dios actúe en y a través de nosotros.

Si la fe no es un «arranque» para hacer algo que le pruebe a Dios que «yo puedo» y «no tengo miedo», sino la respuesta a la «actividad de la gracia de Dios en Cristo en nuestra vida», entonces necesitamos tener una actitud consciente y dependiente de fe para poder apropiarnos de Dios mismo y su actividad en nosotros.

Esta actitud dependiente que expresa una respuesta de nuestra parte es a la que Pablo exhorto a los creyentes para que desarrollaran actitudes en la mente y emociones que facilitarían una decisión consciente de fe en la voluntad.

Pablo exhortó a los colosenses a «*Poned la mira en las cosas de arriba, no en las de la tierra*» (Colosenses 3:2), y a los filipenses los animó a que, «*pensaran en todo lo que es verdadero, todo lo honesto, todo lo justo, todo lo puro, todo lo amable, todo lo que es de buen nombre; si hay virtud alguna, si algo digno de alabanza*», (Filipenses 4:8).

RESPUESTAS EN FE A LAS ACCIONES DE DIOS

Considérate muerto al pecado

> Romanos 6:11: *Así también vosotros consideraos muertos al pecado, pero vivos para Dios en Cristo Jesús, Señor nuestro.*

Sométete a Dios

Santiago 4:7: Someteos, pues, a Dios; resistid al diablo, y huirá de vosotros.

Preséntate tú mismo a Dios como vivo

Romanos 6:13: Ni tampoco presentéis vuestros miembros al pecado como instrumentos de iniquidad, sino presentaos vosotros mismos a Dios como vivos de entre los muertos, y vuestros miembros a Dios como instrumentos de justicia.

Permanece en Él

Juan 15:4: Permaneced en mí, y yo en vosotros. Como el pámpano no puede llevar fruto por sí mismo, si no permanece en la vid, así tampoco vosotros, si no permanecéis en mí.

Entra al descanso del Señor

Hebreos 4:11: Procuremos, pues, entrar en aquel reposo, para que ninguno caiga en semejante ejemplo de desobediencia.

Se han escrito cientos de libros de autoayuda para que las personas realicen sus propios planes y visiones, pero muchos de estos principios tienen como objetivo la superación personal y una mejor calidad de vida. Sin embargo, no podemos confundirnos con la fe bíblica, que es el resultado de la actividad de Dios por gracia, en nosotros, por medio de su Espíritu.

El hombre no puede producir por sí mismo fuerzas, virtudes y dones, que solamente son impartidos por la gracia de Dios. Desde el comienzo de la creación, el hombre mostró su incapacidad de obediencia y resistencia ante las pruebas y tentaciones de la vida. En el Jardín del Edén, la miseria, el pecado y la enfermedad llegaron al ser humano por su debilidad ante las presiones y tensiones. Pero fue también allí en el lugar que el primer hombre fracasó, que la fe, la obediencia y el sometimiento de Cristo trajo a la humanidad la capacidad y posibilidad de resistir y perseverar hasta el fin.

La victoria de Cristo en el huerto de Getsemaní no fue el resultado de confesiones positivas, visualización trascendental o una fuerte voluntad humana, sino el deseo consciente de querer honrar la voluntad del Padre, que lo había enviado.

IMPLICACIONES PRÁCTICAS

El reconocer que nuestra responsabilidad es hacer elecciones en fe que sean receptivas a la actividad de Dios en nuestras vidas, demanda que debemos ser siempre diligentes para ver las implicaciones prácticas de las mismas y evitar los extremos abusivos. Una actitud dependiente de fe sin actividades disciplinadas de fe puede producir pasividad y conformidad. Algunos cristianos han decidido impropiamente que la vida cristiana es toda la responsabilidad de Dios y que no son responsables de nada. Su frase favorita es, «si es de Dios sucede».

Santiago tuvo que confrontar esa actitud, de una fe pasiva, carente de iniciativa cuando escribió, «Así también la fe, si no tiene obras, es muerta en sí misma» (Santiago 2:17).

La fe no es solamente una confesión de eventos históricos o la respuesta a un código moral sino la expresión activa del carácter de Cristo a través de nuestro comportamiento. Somos responsables de estar «en acuerdo con» y «tomar decisiones» para participar en él. Si no hay una salida de la actividad de Dios, entonces la fe ha sido anulada y sustituida por la razón o el pasivismo.

Por otro lado, las actividades disciplinadas que no se basan en una actitud dependiente de la fe pueden convertirse en una «actuación religiosa» que no es más que la «madera, heno y paja» de «las obras del hombre» (1 Corintios 2:10-14).

Lamentablemente muchos creyentes han sido expuestos a explicaciones legalistas de «la responsabilidad de los hijos de Dios». El énfasis en este tipo de enseñanza es a «comprometerse más con Dios», «esforzarse más», «hacer más», que mantiene a los hijos de Dios con una incómoda sensación de que no están haciendo suficiente para agradar a Dios. Las actividades que no proceden de una actitud dependiente de fe no son más que una realización de «obras» que no son agradables a Dios; «porque sin fe es imposible agradar a Dios» (Hebreos 11:6). La tentación satánica de dirigir la atención a nosotros mismos, incluso a nuestras supuestas actitudes o actividades de fe, sirve para desviar la atención de Jesucristo, que es la esencia misma de nuestra vida.

CONSECUENCIAS DE RESPONDER EN FE A LA ACTIVIDAD DE DIOS

Abraham fue llamado por Dios al cumplimiento de algo que en lo natural sería imposible. Dios lo constituiría en padre de multitudes. Las instrucciones eran salir de su tierra y su parentela a la tierra que Dios le mostraría. La respuesta en fe de Abraham se inició por lo que se le había dicho.

Pasaron los días, y Abraham y su esposa Sara pensaron que se les estaba acabando el tiempo y quisieron ayudar al cumplimiento de la promesa. Entonces Sara le recomienda a Abraham una sierva egipcia de nombre Agar para que se una a ella y tenga un hijo. Los planes eran que tuvieran el niño con esta sierva, lo cual estaba legal y culturalmente aceptado en esa época, porque la ley decía que todo el que naciera en la casa de su amo, técnicamente era hijo del padre de la casa. Pero, aunque socialmente era aceptado, divinamente no sería aprobado.

El niño nació y lo llamaron Ismael, pero fue el resultado del esfuerzo y la razón humana, no de la actividad de Dios, declarada por medio de la promesa. Siglos más tarde, el apóstol Pablo nos enseña que detrás de aquel drama Dios estaba cumpliendo su propósito. Pero la impaciencia de Sara y Abraham los llevó a producir un hijo en sus propias fuerzas, y no en la habilidad de responder a la actividad de Dios, por medio de la fe. Dice la Escritura que aquel hijo perseguiría al hijo de la promesa toda la vida, y así sucede, aun hoy, entre la razón y la fe. Existe una lucha entre lo que se ve en lo natural y la habilidad de Dios para creer lo imposible.

Durante tu caminar con Dios, Él te mostrará planes que tienen que ser realizados por fe por causa de la actividad de Dios en tu vida. A causa de los obstáculos, como la duda, la soledad y la falta de recursos, en el proceso podemos comenzar a improvisar con mucha facilidad, y aunque Dios cumplirá lo prometido, tendrás que caminar siempre con un «Ismael» por haberte desesperado en el camino. Los «ismaelitas» de la vida son incómodos, porque continuamente nos recuerdan los fracasos y deseos de actuar independientemente de lo que Dios nos ha dicho, pero puedes estar persuadido de esto, «que el que comenzó en vosotros la buena obra, la perfeccionará hasta el día de Jesucristo» (Filipenses 1:6).

> **LA RAZÓN FUNCIONA POR LO QUE VE, LA FE POR LO QUE DIOS HA DICHO.**

Nuestras vidas en el Señor deben ser vividas en la espontaneidad de confiar en que la vida de Jesucristo sea vivida a través de nosotros. Estar paralizado por la incertidumbre del temor evita la respuesta a la actividad de Dios. En nuestra vida en Cristo debemos dar el siguiente «paso de fe» y «caminar en el Espíritu» (Gal. 5:16,25).

Si estamos seguros de nuestra nueva identidad «que somos de Cristo», podemos comportarnos como lo que hemos llegado a ser al ser receptivos a la actividad de la expresión de la vida y el carácter de Cristo a través de nosotros.

Dios nunca nos ordena hacer nada, sino lo que él provee como completa suficiencia para hacer lo que él quiere por su gracia. El provee lo que el mismo pide. Sólo somos responsables de ser y hacer lo que Dios quiere ser y hacer en nosotros hoy. ¿Significa esto que no tenemos que hacer nada? Por supuesto que no. Lo que debemos de hacer es recibir y responder a lo que Pablo exhortó a la iglesia en Colosas y a los gálatas: «Por tanto, de la manera que habéis recibido al Señor Jesucristo, andad en él» (Colosenses 2:6). ¿Cómo lo recibiste? Respondiendo a su obra de gracia en fe, ¿cómo vives en él? Respondiendo a su obra de gracia en fe.

Cualquier comportamiento que no se derive de la «respuesta a la actividad de Dios» es pecado. «Todo lo que no es de fe es pecado» (Romanos 14:23), porque inevitablemente expresará un carácter y una actividad que no dependen de Dios y por lo tanto no puede ser coherente con su carácter.

UN EJEMPLO PARA TODA LA VIDA

En el capítulo 21 del libro de Génesis, la Biblia declara que «*visitó Jehová a Sara, como había dicho, e hizo Jehová con Sara como había hablado*» (v. 1). Para el tiempo de esa visita, Sara había perdido la costumbre de las mujeres y Abraham tenía casi cien años. Esto indicaba que humanamente no había posibilidades de que Sara quedase embarazada y que sólo un milagro haría posible que la promesa se cumpliera. La Biblia registra que Isaac nació en el tiempo que Dios había establecido. Esta historia nos presenta las tensiones que existen entre la razón y la fe cuando es tiempo de responder a la actividad de Dios.

Todos seremos confrontados por Dios para creer a algo que va más allá de nuestra capacidad. Dios nunca lo llamará a hacer algo en lo cual Él sea innecesario. Tendrá que aprender a confiar en Él, aun en medio de las condiciones más difíciles que se pueda encontrar. En su caminar de fe descubrirá que no siempre tendrá todas las cosas necesarias para hacer lo que tiene que hacer. La historia de Abraham y Sara nos enseñan varios principios que nos ayudan a distinguir entre la fe y la razón humana: *La razón funciona por lo que ve, la fe por lo que Dios ha dicho.*

En la forma que nace Ismael es evidente que fue el hijo de la razón, producto de la sagacidad humana. El principio que estaba en operación era el de la reproducción natural, y para eso no hacía falta fe. La conclusión fue: «Dios prometió un hijo, ya somos viejos y no lo hemos logrado (como si la promesa se cumpliera por nuestras habilidades humanas). Ayudemos a Dios» —pensaron ellos— «que Abraham se acueste con Agar para tener el hijo prometido».

En el desarrollo de esta historia queda claro que todavía Abraham en esta etapa estaba lo suficientemente fuerte para tener este niño, y Agar no era estéril. El único problema es que este no era el plan de Dios, sino el de Sara. Tiempo después, ese niño fue echado de la casa junto con su madre porque no podía vivir bajo el mismo techo con su hermano Isaac.

El razonamiento dijo: «un hombre duerme con una mujer y el resultado es un hijo». Pero la fe no funciona así, sino que requiere de una palabra de Dios que usualmente se cumple cuando ya no existen posibilidades humanas para lograrlas. Dios esperó que Abraham tuviera casi cien años y Sara hubiera perdido la costumbre de las mujeres para visitarla otra vez y cumplir lo que le había prometido. Este parece ser el principio de operación de la fe. Cuando las posibilidades son nulas, Dios interviene para cumplir lo que se ha propuesto.

> **LA FE NO NECESITA VER PARA CREER QUE DIOS ESTÁ OBRANDO.**

La carta de Pablo a los romanos nos permite acceder a conocer lo que estaba pasando en el corazón de Dios y en la vida de Abraham durante todo ese proceso. En Romanos 4:17-25, el apóstol nos presenta poderosas verdades que nos ayudan a entender la fe, en respuesta a la actividad de Dios.

+ *Dios imparte una visión* – «Te he puesto por padre de muchas gentes» (v.17)

Se establece la fe como la respuesta a la iniciativa de Dios – «el cual da vida a los muertos, y llama las cosas que no son, como si fuesen» (v.17b).

+ *La visión establecida requiere también fe para manifestarse*

«El creyó en esperanza contra esperanza, para llegar a ser padre de muchas gentes, conforme a lo que se le había dicho: Así será tu descendencia» (v.18).

+ *No gobernaría la razón sino la fe*

«Y no se debilitó en la fe al considerar su cuerpo, que estaba ya como muerto (siendo de casi cien años), o la esterilidad de la matriz de Sara» (v.19).

El reconocimiento de la procedencia de lo que hemos recibido es el arma más poderosa contra la duda y la incredulidad. «Tampoco dudó, por incredulidad, de la promesa de Dios, sino que se fortaleció en fe, dando gloria a Dios» (v.20).

+ *La fe descansa en la fidelidad de Dios* – «plenamente convencido de que era también poderoso para hacer todo lo que había prometido» (v. 21).

+ *La fe sería el modelo de vida de los hijos de Dios* – «sino también con respecto a nosotros a quienes ha de ser contada, esto es, a los que creemos en el que levantó de los muertos a Jesús, Señor nuestro» (v. 24).

Parece que a Dios le fascinan los vientres sin posibilidades, las situaciones imposibles. Los grandes eventos de la historia bíblica se forjaron ante situaciones totalmente ilógicas e imposibles: Vientres estériles, hornos de fuego, foso con leones, mares abiertos, y como si esto fuera poco, el evento que cambió la historia de la humanidad es resultado de un nacimiento en el cual el medio fue una virgen. Todos estos eventos se caracterizan porque los protagonistas respondieron en fe a la actividad de Dios en sus vidas.

En Cristo esa será de igual manera la clase de vida que experimentarás. La razón siempre está buscando algo para sentirse realizada: un proyecto, un evento, una actividad. Esta actitud ha llevado a muchos a un activismo religioso que ha producido un agotamiento excesivo que los conduce a ser totalmente inefectivos en los planes de Dios para su vida. La razón siempre juzgará la vida por lo que está pasando. No soporta los tiempos de quietud, porque asume que nada está sucediendo.

Muchos se dan a la tarea de trabajar para presentarle a Dios algo que apague el sentido de deuda que ellos tienen con Él. Mientras que la motivación puede ser noble, el fundamento y el procedimiento son defectuosos. La vida en Cristo no depende de los logros que uno alcance, sino de la obediencia que demuestre en las diferentes temporadas de la vida.

La fe no necesita ver para creer que Dios está obrando. Al contrario, muchas veces cuando más quietud hay, posiblemente sea cuando Dios más está haciendo en la vida. Cuando abrazamos la vida de Dios para nosotros, Él nos hará todo lo que se ha propuesto. La verdadera fe produce descanso, es la certeza de que estamos respondiendo a su querer como el hacer por su buena voluntad, (Filipenses 2:13). La ansiedad y el cansancio excesivo son resultados de una vida que se autogobierna, el descanso es resultado de solo responder a la actividad de Dios en nosotros.

LA RAZÓN ES LIMITADORA, LA FE ES LIBERTADORA

Aquello que vemos, oímos, gustamos, tocamos y olemos puede controlar el corazón de la razón. Esto nos limita a la dimensión natural de la vida. La razón es esclava de los cinco sentidos naturales. Una persona gobernada solo por lo natural será víctima de las limitaciones que esta vida produce. Esta era una de las lecciones más importantes que Jesús quiso enseñarles a sus discípulos. Luego de exponerlos a extraordinarios milagros de multiplicación y sanidad, los discípulos recurrían con frecuencia a lo natural y familiar.

En una ocasión, una gran multitud seguía al Maestro, y Cristo se dio cuenta que esta gente llevaba tres días sin comer y les pidió a sus discípulos que les dieran alimentos. La respuesta de la razón fue sumar la cantidad de personas contra la cantidad de alimentos disponibles, y la conclusión era obvia, hay demasiada gente para poca comida. Sin embargo, Cristo no se limitó por la respuesta lógica que ellos le dieron. Inmediatamente acomodó el gran grupo de personas, y dando gracias repartieron el pan y los peces y todos comieron, incluso sobraron doce cestas llenas.

No somos controlados por lo que vemos, sino que nos anclamos y fortalecemos en lo que Dios ha establecido.

Muchos hijos de Dios huyen atemorizados ante las dificultades que tienen por delante. Quizás como Abraham, ya no hay posibilidades humanas. Han pasado los años, no tiene los recursos, estás solo, confundido y triste, pero Dios hoy te invita a que respondas en fe a su iniciativa. Únete a la declaración apostólica: *«por fe andamos, no por vista»* (2 Corintios 5:7).

Así como el águila hace su nido y no emigra, porque sabe que podrá enfrentar cualquier inclemencia del tiempo que se le presente, decídete tú también a no escapar, sino a enfrentar lo que estás pasando, porque ya pronto viene tu primavera.

Capítulo 11

CÓMO VENCER
EL TEMOR

El único antídoto conocido para el miedo es la fe.
—WOODROW KROLL

UNA VEZ TERMINADO el nido, y cuando los pequeños aguiluchos han nacido, comienza una nueva etapa en la vida de un águila. Cuando el águila nace comienza a gritar por varias semanas. Es un grito constante por comida, y requiere de la destreza de sus padres para satisfacer sus necesidades. Como un recién nacido, lo único que hace es comer y dormir. Esta comodidad produce que se desarrollen dos veces más rápido que los buitres. En la comodidad de su nido y con la constante atención de sus padres, estas águilas bebés no saben que pronto sus padres tendrán que tomar la decisión de independizarlos y entrenarlos para la vida adulta.

Hasta ese momento, lo único que habían hecho era comer y dormir. De repente aparece la mamá águila, se para al borde del nido aleteando y desordenando el nido con su pico y talones. Lo que antes parecía un ambiente seguro y permanente ahora se ha convertido en una zona de terror e inseguridad. El águila madre comienza a sacar ramas con su pico y los pedazos de pieles y hojas que el águila padre había traído para el entretenimiento y la comodidad de sus pequeños. Este estremecimiento produce que los aguiluchos tengan que pararse por sí solos en sus talones y aprendan a balancearse en las ramas. Esto no es fácil, y tampoco placentero, pero cada día que pasa se fortalecen más y su sentido de balance es perfeccionado. La lección que la madre quiere darles es para prepararlas a cazar su propia comida.

Luego de un tiempo, cuando ya han aprendido a balancearse sobre las ramas, llega el momento más difícil de su vida. A una altura de 10,000 pies, los padres de estos aguiluchos están volando sobre el nido, cuando de repente el águila madre desciende al nido y frenéticamente comienza a gritar y aletear nuevamente, pero en esta ocasión con la intención de sacar a sus pequeños del nido. Luego de llevarlos al borde y lanzarlos al precipicio, seguros que morirían, aparece el águila padre y antes que lleguen al suelo los captura y comienza a elevarlos hasta llevarlos al nido nuevamente.

Esta experiencia introduce a los aguiluchos a una de las enseñanzas más difíciles en su vida: vencer el temor. Desde ese momento en adelante las pequeñas águilas tendrán que volar por ellas mismas. La similitud entre esa experiencia en la vida de un águila y un creyente son extraordinarias. Durante los primeros años de nuestra conversión vivimos con la seguridad y la confianza de que todo irá bien. Es como si Dios estuviera solo atendiéndonos a nosotros. Las oraciones se contestaban con facilidad, los deseos de estar en oración eran naturales, todo se veía tan fácil. Pero durante esa temporada se pueden desarrollar conceptos que luego nos incapacitan para responder en fe. Por cuanto nada está saliendo mal, todo parece estar en un perfecto orden y balance, podemos concluir que algo bueno tendremos que estar haciendo para que Dios nos bendiga de tal manera.

> LAS EXPERIENCIAS DE DIFICULTAD PROVEEN OPORTUNIDADES DE CRECIMIENTO Y MADUREZ EN LA VIDA DE LOS HIJOS DE DIOS.

Ignoramos que esa etapa es parte de la atención del Padre que nos está preparando para un momento especial en la vida. Cuando de repente, las oraciones no se contestan tan rápido, los hermanos no son tan buenos como pensaba, la comida de niño espiritual ya no lo alimenta y quizás está teniendo problemas con algún hermano en la fe, entonces se pregunta: «¿Dónde está Dios? ¿Se habrá olvidado de mí?».

Las experiencias de dificultad proveen oportunidades de crecimiento y madurez en la vida de los hijos de Dios. Una de las más importantes lecciones que un creyente debe aprender es que Dios está más interesado en su crecimiento y madurez que en su comodidad. Así como al águila, el crecimiento y desarrollo en la vida vienen por remoción de la comodidad. Las experiencias de dificultad proveen oportunidades de crecimiento y madurez en la vida cristiana. El crecimiento y desarrollo en la vida vienen por remoción de la comodidad. Dios permitirá que el nido sea estremecido. Le permitirá pasar por diferentes experiencias, pruebas y temporadas en la vida para que madure y sea un digno representante de Dios en el mundo. Estas experiencias pueden causar temor y desánimo al ver que ya no está la comodidad de los primeros años y la seguridad es amenazada constantemente.

SOBREVOLAR SOBRE LAS DIFICULTADES

La segunda epístola del apóstol Pablo a Timoteo nos presenta estas realidades con una exactitud y profundidad sorprendentes. Todo comienza en la primera epístola a Timoteo. Este joven pastor, compañero e hijo espiritual del apóstol Pablo, vivió en la comodidad y compañía de uno de los hombres que transformó el mundo con su mensaje y revelación. Fiel compañero y arduo colaborador eran sólo algunas de las excelentes cualidades que distinguían a este joven. Su grado de confianza fue tal que lo enviaron a pastorear la iglesia en Éfeso. Imagínese el entrenamiento de este joven, a los pies del apóstol Pablo.

La iglesia estaba en crecimiento, personas se convertían a la fe, las oportunidades eran extraordinarias al punto que el apóstol Pablo tuvo que escribir una epístola para darle instrucciones de cómo presidir la iglesia. Todo marchaba de maravillas, cuando de repente llegó al poder uno de los emperadores más crueles de la historia, llamado Nerón.

Este comenzó una ardua campaña para matar a los cristianos. Usando la hoguera, el espectáculo y la humillación pública, buscaba amedrentar a los cristianos y llevarlos a negar a Dios. Durante el proceso logró que algunos abandonaran la fe y muchos estaban atemorizados y confundidos, incluyendo a Timoteo. Esta crisis motivó al apóstol Pablo a escribir su segunda epístola, totalmente distinta a la primera. Esta carta tiene como propósito consolar y dar instrucciones a Timoteo de cómo enfrentar la temporada de pruebas que le ha sobrevenido. En el primer capítulo de la segunda epístola descubrimos cinco principios poderosos que le ayudarán a vivir y mantenerse en las alturas.

1. Alguien está orando por usted

> *«Sin cesar me acuerdo de ti en mis oraciones noche y día»*
> (2 Timoteo 1:3).

El apóstol comienza su carta recordándole a Timoteo que es muy amado. Esto es muy importante cuando alguien está pasando por una prueba. Los sentimientos más dominantes durante ese tiempo son la soledad, la confusión y la incertidumbre del futuro.

Estas emociones mixtas pueden llevar a la persona a tomar decisiones que compliquen aún más su vida. Las palabras de afirmación y de aprecio son muy alentadoras en tiempos de crisis. El deseo de dejar todo puede desaparecer al escuchar que otros están orando por su vida durante una crisis. Nunca subestime el poder de la oración a favor de una persona durante una temporada de pruebas.

> PARA EL SEÑOR TU ERES MUY ESPECIAL.

Recuerdo durante un tiempo de dificultades en nuestra vida, lo alentador que era escuchar a hermanos y amigos pastores afirmando que estaban orando por nosotros. Quizás te encuentras pasando una de esas experiencias de prueba y aflicción y te sientes confundido, no sabes qué hacer. Permítame asegurarte que alguien está orando por ti en este preciso momento.

La Biblia nos asegura que Cristo puede salvar perpetuamente a los que por él se acercan a Dios, viviendo siempre para interceder por ellos, (Hebreos 7:25). Antes que el Señor le anunciara a Pedro que Satanás lo había pedido para zarandearlo y que se le había otorgado la petición, Cristo le afirmó que ya Él había orado para que su fe no le faltara, (Lucas 22:32). Para el Señor tu eres muy especial, y aun en tu prueba más difícil, Él personalmente ora por ti y también inspira a otros a levantarse en oración incluso sin conocerte.

2.   La fe que demostró antes de la prueba no era falsa

> «Trayendo a la memoria la fe no fingida que hay en ti, la cual habitó primero en tu abuela Loida, y en tu madre Eunice, y estoy seguro de que en ti también» (2 Timoteo 1:5).

En tiempos de prueba y temporadas de sufrimiento es posible llegar a cuestionar la fe que un día demostraste. La intensidad del sufrimiento y el dolor de la angustia lo pueden llevar a creer que todo era un engaño, una emoción, un cuento. Para contrarrestar estos sentimientos, Pablo recurrió al testimonio personal que él vio en Timoteo, y al pedigrí de fe del cual él procedía.

Se menciona a su abuela Loida y su madre Eunice. Estas dos personas tuvieron una gran influencia espiritual en la vida de Timoteo y demostraron una fe legítima que también le impartieron a él. La fe que has demostrado antes de la prueba que puedas estar pasando o que pasará, es una fe legítima. Tu confesión de hacer a Cristo Señor y Salvador de tu vida y permitir que Su carácter y comportamiento sea una manifestación de su propia vida, ha sido el fruto de un nuevo nacimiento.

3. La respuesta en fe a la actividad de Dios durante una prueba impide que «el fuego se apague».

La palabra que Pablo usa para «avivar el fuego» es *anazōpyreō* [Strong G329] que se usa metafóricamente para describir un fuego que se puede apagar por negligencia. La preocupación de Pablo era que la intensidad de la persecución, y la aflicción llevara a Timoteo a un estado de negligencia, lo cual lo pondría en una zona peligrosa de querer abandonarlo todo. No descuide negligentemente el «fuego del don de Dios que está en ti por medio de la imposición de manos», (2 Timoteo 1:6). Pablo menciona que los creyentes en Asia la prueba los sobrecogió al punto que lo abandonaron, e identifica dos de ellos, Figelo y Hermógenes, (2 Timoteo 1:15).

Durante temporadas de pruebas, las personas parecen olvidar el llamado y la gracia particular que han recibido. No deje que ese don se apague. La comisión de Dios sobre su vida está diseñada para habilitarlo a pasar cualquier prueba en el camino. Deje que ese fuego se encienda a medida que comienza a fortalecerlo en el propósito y la visión de Dios para su vida. Dios había anticipado su prueba, y le ha impartido valentía, amor y dominio propio, (vea 2 Timoteo 1:7).

4. Dios había anticipado su prueba, y le ha impartido valentía, amor y dominio propio

> «Porque no nos ha dado Dios espíritu de cobardía, sino de poder, de amor y de dominio propio» (2 Timoteo 1:7).

Valentía no es la ausencia de temor, sino la decisión de no ser dominado por él. En su genética espiritual se encuentra esta maravillosa virtud dada por Dios a sus hijos. La valentía que Dios da no es arrogancia o autosuficiencia, sino la disposición resoluta de confiar en lo que Dios ha dicho. Él ha declarado que estará contigo hasta el fin y no te desamparará. El amor es el que echa fuera el temor y lo capacita para tener compasión y misericordia de sus enemigos. El dominio propio trata con una mente disciplinada. Ese enfoque y precisión son necesarios para mantenerse centrado en la voluntad de Dios para su vida. Antes que estuviera atravesando esa prueba, ya Dios había depositado en ti lo necesario para pasarla.

5. Otros han pasado serias dificultades y no se rindieron

> *«Por tanto, no te avergüences de dar testimonio de nuestro Señor, ni de mí, preso suyo, sino participa de las aflicciones por el evangelio según el poder de Dios»* (2 Timoteo 1:8).

En el tiempo que Pablo escribió esta carta estaba preso en Roma. Pablo apeló a un sentimiento más profundo que el de sufrir humanamente. Su exhortación estaba dirigida a descentralizar a Timoteo de sí mismo y descubrir que aquel sufrimiento lo estaba haciendo partícipe de algo más glorioso.

El apóstol lo llama: «las aflicciones por el evangelio». Este contexto de sufrimiento cuenta con la una capacidad espiritual superior para soportar la aflicción «según el poder de Dios». Era como si Pablo le estuviera diciendo a Timoteo: «Yo sé por lo que estás pasando, yo mismo estoy preso, pero no doy un paso atrás porque este sufrimiento está produciendo algo glorioso en mí».

En 2 Corintios 4:17, Pablo les llama a los padecimientos: «esta leve tribulación momentánea». Cuando comparaba lo que la prueba estaba produciendo en él con lo que estaba sucediendo fuera de él, decía: «Esto es una leve tribulación en comparación con el eterno peso de gloria que está produciendo esto en mí, por lo tanto, no me rendiré».

Tu sufrimiento no es en vano. Mientras parece que todo está perdido y desea huir de esas situaciones, Dios está formando en ti un eterno peso de gloria. Ninguna prueba te dejará como te encontró. Será más dulce o amargo, más suave o rígido, más obediente o rebelde. Tú

decides qué quieres que la prueba logre en tu vida, si huye no lo logra-
rá. Otros no se han rendido antes que tú, no te rindas, mantente en las
alturas.

**6. Antes que pasara por esa prueba, ya Dios tenía
un propósito y dispuso gracia para que venciera.**

> *...quien nos salvó y llamó con llamamiento santo, no conforme a
> nuestras obras, sino según el propósito suyo y la gracia que nos fue
> dada en Cristo Jesús antes de los tiempos de los siglos (2 Timoteo
> 1:9).*

Este es uno de mis versos favoritos en la Escritura. Nerón estaba
intimidando y dándoles muerte a los cristianos. El temor, la incertidumbre del futuro y la duda habían llegado al corazón de la iglesia, y
aun a Timoteo. En medio de este mar de emociones, Pablo le dijo a
su hijo Timoteo: «Antes que hubiese un Nerón, y una persecución, ya
Dios te tenía en su agenda». Tú no eres accidente o un experimento,
Dios tiene un propósito en su salvación desde antes de la fundación del
mundo. Su vida está destinada a ser conformada a la imagen del Hijo,
(Romanos 8:29). Lo más glorioso es que todo esto es un regalo de pura
gracia. No fue conforme a sus obras, sino según el propósito y la gracia que son en Cristo Jesús. De la misma forma que su salvación fue un
milagro, así también es su preservación durante la prueba. El secreto
de esta perseverancia es entender que en Cristo has sido predestinado.

> *«En él asimismo tuvimos herencia, habiendo sido predestinados
> conforme al propósito del que hace todas las cosas según el designio
> de su voluntad» (Efesios 1:11).*

La palabra «predestinación» es una palabra compuesta, *pre* (antes)
destino (fin). Lo que significa es que Dios preparó el fin antes que tú
comenzaras. El último capítulo ya está escrito: «Eres más que un ven-
cedor en Cristo». Durante su jornada en la vida, Pablo experimentaría
situaciones que ya Dios había anticipado, y para eso Él imparte una

gracia muy particular. La gracia aquí significa la acción de Dios a favor de los suyos para cumplir la voluntad y los planes de Dios en la vida. Es esa fortaleza, valentía y perseverancia que tu sientes, que sabes que no provienen de ti mismo sino de parte del Señor. Por eso, en sus noches más oscuras, de repente siente un destello de esperanza, un motivo para continuar. Esa es la gracia de Dios en acción. Como dice el salmista: «*Porque un momento será su ira, pero su favor dura toda la vida. Por la noche durará el lloro, y a la mañana vendrá la alegría*» (Salmos 30:5).

Los «nerones» que se han levantado contra ti no pueden prevalecer. Antes que ellos estuvieran, ya Dios había provisto en su Hijo todo lo que necesitaríamos. No se desespere en esta temporada de aflicción y dificultades. El Señor está contigo para librarte de todo mal. Tú fuiste creado para las alturas. Aunque hay experiencias en la vida que pueden paralizarlo, recuerde que son temporarias. Nunca tome decisiones permanentes en situaciones pasajeras. Renuncie al deseo de descender y acomodarse a lo fácil y confortable. Las experiencias negativas lo maduran y fortalecen, y así se va formando a la misma imagen de Cristo.

Estar en Cristo no significa que vivirá una vida libre de dificultades, al contrario, lo que significa es que por causa de su unión con Él se presentarán dificultades que le permitirán elevarse a alturas que jamás había pensado. Su propósito siempre será más grande que sus dificultades. ¡Elévate!

Capítulo 12

CÓMO PERFECCIONAR LAS DESTREZAS EN LAS ALTURAS

Saúl y Jonatán, amados y queridos; inseparables en su vida, tampoco en su muerte fueron separados; más ligeros eran que águilas, más fuertes que leones.

—2 Samuel 1:23

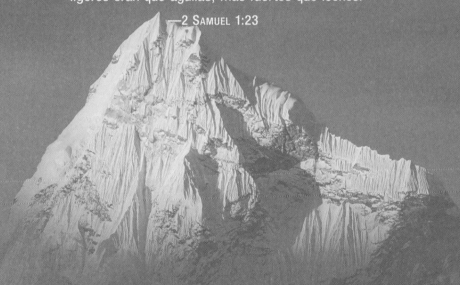

L UEGO DE HABER pasado las primeras experiencias en las alturas, ahora el aguilucho tiene que desarrollar sus habilidades de cazar su propia presa. Esto se lleva a cabo en la vida del águila durante el primer y
cuarto año. A través de un proceso de entrenamiento, errores y victorias,
el águila como cualquier otro animal, desarrolla la destreza de obtener
su propia comida. Esto no es siempre fácil, las alturas presentan una
serie de retos que pueden complicar la intención del águila de cazar su
presa. Vientos contrarios, lluvia y otros males climatológicos conducen
al águila a intentar movimientos muy peligrosos. Durante esta temporada el águila desarrolla un movimiento de picada en la cual usa la fuerza
de gravedad, y coloca sus alas de tal manera que desciende a grandes
velocidades para atrapar su presa.

Esto requiere la destreza de volver a elevarse antes de llegar a la tierra. Previo a que el águila salga a buscar su comida hay un proceso de
preparación para sus plumas, y consiste en una limpieza especial que
le permite realizar las hazañas del día. Esta limpieza consiste en pasar
cada pluma por el pico con aire exhalado. Este procedimiento sella cada
pluma y la limpia de cualquier impureza que le pueda afectar durante
su vuelo. No sólo se limpia la pluma, sino que se hace resistente al agua.
Esto es muy necesario por si el águila decide cazar algún pez o animal en
el agua. Luego de este proceso, el águila se acomoda al lado de su nido y
comienza a observar su territorio. Este tiempo le permite ubicar la presa
que será su primera comida, y calcular que su tamaño no sea muy grande
y le dificulte elevarse con ella. Job comenta al respecto:

«Ella habita y mora en la peña, en la cumbre del peñasco y de la
roca. Desde allí acecha la presa; sus ojos observan de muy lejos»
(Job 39:28-29).

Lo que el águila logre en ese día dependerá de su preparación. La dili-
gencia y responsabilidad para prepararse diariamente la constituyen un
ave majestuosa y de excelencia. Una vida caracterizada por la excelencia
y productividad no es un accidente, requiere tiempo y preparación en el
proceso de desarrollo. La excelencia es el fruto de la disciplina, la recompensa de un plan bien implementado. He observado al pasar de los años

que la mayoría de las personas viven su vida como si fuera un juego de azar, esperando ese día cuando todo cambie, la suerte los visite o un milagro se manifieste. Mientras viven en esta falsa expectación, le pasan los años para luego, al final, morir frustrados porque no sintieron que maximizaron su vida. Se mantuvieron esclavos de lo común y ordinario sabiendo que pudieron haber hecho más, y dejado una marca en el planeta.

Como dijimos anteriormente en Dios tiene la libertad para decidir vivir todos aquellos sueños consistentes con sus planes para tu vida y aun esos sueños que son dados por Dios mismo que nacen como un deseo en tu corazón por deleitarte en el Señor (Salmo 37:4). La vida sólo cambia cuando nuestras prioridades diarias cambian. Si quiere ver cosas que no ha visto, tendrá que hacer cosas que no está haciendo. Esta es la razón por la cual Dios puede sanar a una persona, y luego muere de la enfermedad que fue sana, Dios restaura a un matrimonio y termina divorciado, Dios prospera a una persona y puede llegar a perder todo lo que tuvo. Esto se debe a que no hubo cambios en el comportamiento, prioridades y decisiones en el desarrollo de la vida. Los milagros y la restauración no son licencias para vivir irresponsablemente y sin planes en la vida. Cada decisión que una persona toma lo aleja o lo acerca a vivir una vida con propósito y significado. Esta es la razón por la cual es tan importante incorporar en nuestra vida principios que nos ayuden a tomar mejores decisiones y vivir una vida caracterizada por la excelencia.

PRINCIPIOS PARA UNA VIDA DE EXCELENCIA

1. **Define las metas específicas que quieres lograr**

Las metas le proveen un norte hacia dónde caminar. Tus metas deben ser consistentes con el diseño de Dios para tu vida. Mucha gente tiene una relación de amor y odio con las metas. Les gustan porque le brindan motivación en el camino y las odian porque cuando no las cumplen se sienten fracasados. Las metas lo ayudan a reducir el enfoque a aquellas cosas que son consistentes con su plan. Tus metas deben ser también consistentes con tus dones y talentos. Establece metas realistas y celebra cada logro. Si deseas rebajar 20 libras de peso, no establezcas como

> **NUESTRAS EMOCIONES SON PARA SER CELEBRADAS, Y PERMITIR QUE PROPORCIONEN PASIÓN EN NUESTRAS VIDAS.**

meta rebajarlas en un día. Recuerda: No llegaste donde estás de la noche a la mañana, y tampoco saldrás en un día.

Mantén tu enfoque a largo plazo, pero trabaja para victorias a corto plazo. Anteriormente mencionamos que la vida está compuesta por cuatro áreas fundamentales, que son lo: *físico, emocional, intelectual* y *espiritual*.

Necesitas establecer metas que maximicen el potencial de cada una de estas áreas. Veamos como ejemplo:

Lo físico: Tus metas deben incluir el cuidado y alimentación de tu cuerpo. La Biblia lo describe como el templo del Espíritu Santo. Como un templo santo deberías cuidarlo y mantenerlo en óptimas condiciones. Una rutina consistente de ejercicios, buena alimentación, descanso y limpieza deben ser parte de las metas para tu cuerpo físico.

Lo emocional: Muchas veces esta área se ignora en el desarrollo de metas para una vida excelente. Algunas personas sabotean su destino por estar amargados con las experiencias del pasado. No permitas que tu pasado cancele tu futuro por estar guardando heridas y resentimientos del ayer. Proponte como meta tratar esas áreas de tu vida emocional que te detienen y limitan.

Muchos cristianos parecen pelear una constante batalla con sus emociones. Para muchos sus emociones son las culpables que los mantienen agitados y perturbados.

Las emociones no son entidades o poderes separados, que tu «atas», «reprende», o «cancela», y tampoco son esencialmente buenas o malas. Las emociones son un canal de expresión, que pueden ser dominadas por acciones pecaminosas o por la vida de Cristo en nosotros.

El ser humano fue creado con la habilidad de experimentar emociones. La palabra emoción se deriva del latín «exmovere», que significa «mover hacia afuera». Son las emociones las que nos permiten ser movidos, estimulados, y animados.

Los seres humanos necesitamos experimentar sensación, afecto, fervor, entusiasmo y pasión. Sin emociones la vida perdería su gusto; no habría emoción de alegría, ni sentido de vergüenza, ni frustración de fracaso, ni maravilla y asombro de lo que está a nuestro alrededor y más allá de nosotros.

Nuestras emociones son para ser celebradas, y permitir que proporcionen pasión en nuestras vidas. Las emociones varían en su intensidad. En ocasiones son espontáneas, sobrecogedoras y hasta violentas. Eso no significa que son demonios, sino que están conectadas integralmente a todo nuestro ser, alma y cuerpo.

Las emociones son el medio por el cual se expresan las actitudes y pensamientos. Usualmente sentimos lo que pensamos. Si te sientes inferior a otros, lo que esa emoción muestra es su actitud sobre su identidad.

Las situaciones o personas no son responsables de lo que nosotros sentimos. Los eventos y personas en nuestra vida simplemente permiten que las actitudes establecidas, compuestas de expectativas, suposiciones y percepciones, produzcan una reacción emocional.

Algunos piensan que, si expresan alguna emoción en un «culto», eso es almático, adámico, carnal y emocionalista. El efecto de esto es que cada reunión de los santos parece un funeral, con gente racionalizando todo lo que oyen.

Los otros son el otro extremo, creen que la emoción es equivalente a espiritualidad, madurez y que toda reacción y expresión es el Espíritu Santo. Estos caen en sensacionalismo, emocionalismo y en todo tipo de desorden.

¿Cuál debe ser nuestra manera de tratar con nuestras emociones?

La manera de tratar con nuestras emociones las podemos resumir de la siguiente manera:

- Creer que somos víctimas de nuestras emociones: tienen poder y nos controlan.
- Creer que tenemos el poder para suprimirlas o negarlas: tenemos fuerza de voluntad.
- Creer que el Señor nos dio la habilidad para experimentar emociones, y que la vida de Cristo en nosotros puede controlarlas, usándolas como un medio expresivo de su vida y carácter en nosotros.

Ese carácter de Cristo manifestado, Pablo lo llama el «fruto del Espíritu» (Gálatas 5:22-23) y aunque no son sentimientos emocionales, la expresión de ese fruto sin emociones es fría, estéril e impersonal. Cuídate de los extremos racionalistas y sensacionalistas y permite que el fruto del Espíritu se exprese a través de tus emociones.

Lo intelectual: La información que permites ingresar a tu mente determinará tu futuro. La mente es como un disco duro de computadoras, solo refleja la información que se ha guardado en él. Tus metas deben incluir lectura de buenos libros, exposición a maestros y predicadores que te edifiquen y perfeccionen en quién eres en Cristo.

Lo espiritual: Dado que la palabra «espiritualidad» es una palabra tan de moda en nuestra sociedad actual, probablemente deberíamos considerar cómo se relaciona esta palabra con «la unión con Cristo». Religiosamente, «espiritualidad» se refiere a todo, desde la conformidad con las normas morales, la acumulación de conocimientos doctrinales, la participación fiel en las actividades de la iglesia, el hablar en lenguas, experiencias místicas con visiones, sensaciones, y así sucesivamente. Por otro lado, el mundo que nos rodea ve casi todo como «espiritual» hoy en día.

El entusiasmo es «espiritual», al igual que la coincidencia, lo ininteligible, el ambientalismo, la evolución, las drogas, la música, el arte, el correr, la sobriedad, la sensibilidad y un sinfín de otras cosas.

¿Qué dice la Biblia sobre lo espiritual?

En 1 Corintios 2:15, Pablo escribió: «El que es espiritual juzga todas las cosas». En el contexto, una persona «espiritual» se contrasta con el «hombre natural» del versículo anterior (2:14), que no puede entender las cosas del Espíritu de Dios.

El «hombre natural» es la persona no regenerada. La «persona espiritual» es aquella que ha recibido el Espíritu de Cristo y ha sido regenerada. Unos pocos versos antes (2:12) Pablo había explicado, «hemos recibido, no el espíritu del mundo, sino el Espíritu que viene de Dios». Una «persona espiritual» es aquella que ha experimentado la «unión de espíritu» con el Espíritu de Cristo en la regeneración espiritual. Tal condición espiritual de «estar unido a Cristo» no es un fin en sí mismo, sino que el carácter del Espíritu de Dios que vive dentro debe expresarse en el comportamiento psicológico y físico.

Esta es la razón por la cual Pablo continuó escribiendo, «no pude hablaros como a (los que actúan como) espirituales, sino como a carnales, como a niños en Cristo» (1 Corintios 3:1, paréntesis añadido). Y en Gálatas 6:1, Pablo explicó que aquellos «si alguno fuere sorprendido en alguna falta, vosotros que sois espirituales, restauradle con espíritu de mansedumbre, considerándote a ti mismo, no sea que tú también seas tentado». La espiritualidad bíblica implica la presencia y la función del Espíritu de Dios, el Espíritu de Cristo, el Espíritu Santo, el Dios trino en un individuo. ¿Estás en Cristo?, eres espiritual, ¿no estás en Cristo? no eres espiritual.

La armonía en estas cuatro áreas traerá un balance que es necesario para una vida caracterizada por orden y representación. Sus metas son un reflejo de sus prioridades, y cuando sus prioridades están en orden, su vida será un reflejo del carácter y vida de Cristo.

Principios prácticos en el cumplimiento de metas:

+ Crea oportunidades de victorias que te motiven a continuar
+ Establece tiempo para el cumplimiento de las metas
+ Mantenlas visibles hasta cumplirlas
+ Comunícalas a alguien que te motive y mantenga responsable
+ Escribe la lista de beneficios que obtendrás cuando las logres
+ Recompénsate cuando las alcances

2. Mantente informado

Una característica fundamental de alguien que vive en excelencia es que se mantiene informado sobre lo que está sucediendo en el mundo. Cualquiera que sea tu profesión, debes continuamente refrescar tu conocimiento en esa área. La persona de excelencia es un buen lector. La lectura de buenos libros expande sus conocimientos y le permite acceder a información que puede cambiar toda su vida. Conviértete en un observador y edúcate en lo que quieres lograr. Uno de los males que afectan a muchas personas es la falta de conocimiento. Oseas 4:6 establece que «el pueblo perece por falta de conocimiento». La ignorancia a los propósitos y planes de Dios causan que muchas personas experimenten fracasos en su vida. Desconociendo el depósito que Dios ha hecho en ellos, se lanzan a la vida sin rumbo, víctimas de las circunstancias y sorpresas que ella les depara. Estas personas usualmente viven frustradas y deprimidas, porque desconocen que hay una mejor vida. Pero tú, no eres así, estoy seguro de que con la lectura de este libro se ha despertado en tu interior querer cumplir la razón de tu existencia y un deseo de vivir una vida de excelencia.

> **TU FUTURO ESTÁ LIGADO CON QUIEN TE ASOCIAS.**

3. Crea una atmósfera de confianza en cada circunstancia

> *«Mas a Dios gracias, el cual nos lleva siempre en triunfo en Cristo Jesús»* (2 Corintios 2:14).

Una persona de excelencia tiene un vocabulario diferente. Cuando David enfrentó a Goliat, de acuerdo con el relato de 1 Samuel 17, es interesante notar que él nunca lo llamó gigante, sino incircunciso. Mientras que el pueblo envenenaba su percepción llamándolo gigante, David lo llamaba «filisteo incircunciso». Cuando David fue al campo, llego allí con una atmósfera de confianza y fe, porque él sabía con quién estaba en pacto.

4. Evita malas asociaciones

Es tan importante conectarse a buenos recursos, como desconectarse de los que no contribuyen en nada a su vida. La Biblia establece que el que camina con necios, será quebrantado, (ver Proverbios 13:20). Lo que no añade, eventualmente resta. Con quien te asocies puede determinar tu efectividad y desarrollo en la vida. *«No erréis; las malas conversaciones corrompen las buenas costumbres»* (1 Corintios 15:33).

Recuerda que la gente que no respeta su tiempo tampoco respetará su sabiduría. Reevalúa tus asociaciones, y si no contribuyen, desconéctate. Una característica muy peculiar del águila es que nunca la verás asociándose con otras aves que no poseen su propia naturaleza. Usualmente la encontrará volando sola en las alturas.

Cómo identificar sabias asociaciones:

+ Los que hablan palabras que edifican
+ Los que ven tu contribución por medio de lo que Dios le ha dado
+ Los que celebran tu vida y no solo la toleran

Conviértete en una persona selectiva en sus asociaciones. Tu futuro está ligado con quien te asocias. Pídele discernimiento al Espíritu Santo para que identifique con quién Él quiere conectarte para cumplir la razón de su existencia.

Capítulo 13

LA VISIÓN
DEL ÁGUILA

L A VISIÓN DEL águila es una de las características más interesantes de esta majestuosa ave. Como cualquier otro animal, su visión no está completamente desarrollada hasta tiempo después de su nacimiento. Durante sus primeras semanas de vida las águilas no tienen capacidad de enfoque. Dentro de su ojo hay unos tubos linfáticos donde están los «electrolitos» que funcionan como conductores de electricidad, que son afectados por la presión magnética de la tierra.

Durante sus primeras semanas sucede una sincronización entre el Polo Norte y el lugar de nacimiento del águila que es muy similar a un compás. Cuando el aguilucho está fuera de su zona de nacimiento experimenta un sentido de desequilibrio, acompañado de presión en sus ojos, que desaparece cuando regresa al área de su nido. Este sistema de dirección interna le permite al águila estar a miles de millas distante de su nido y encontrar dirección para regresar. Este fue el primer sistema integrado de dirección.

Otra fascinante característica del ojo del águila es su increíble habilidad de enfocarse en objetos a millas de distancia. Por causa de esta característica, y su instinto de vuelo, es capaz de encontrar su comida rápidamente y estar alerta a los peligros. Un último detalle sobre el ojo del águila es que está cubierto por dos párpados. El primero se usa cuando está volando u observando desde su nido. El segundo, cuando está volando directo hacia el sol. Por causa de estos párpados, el águila puede volar directo hacia el sol sin quedarse ciega. Esto le da una gran ventaja sobre otras aves que no tienen estas capacidades y sistemas integrados en ellas.

UNA VISIÓN INTEGRADA

La vista del águila nos provee una poderosa analogía para entender la importancia de tener una visión integrada en la vida. Es importante que entendamos la diferencia entre propósito y visión. Propósito es el diseño divino, la razón de su existencia, el motivo de su creación. Propósito es la intención del Creador, es lo que Él decidió, en su buena voluntad, para mostrar su amor en su Hijo para reconciliarnos con Él. La Biblia nos indica que nuestra predestinación fue conforme a un propósito, iniciado por su propia voluntad, (Efesios 1:10). ¡Qué maravilloso! Este propósito no es el resultado de un accidente o un plan alterno. Dios había establecido este propósito desde antes de la fundación del mundo. El diseño ya estaba creado y Cristo sería el medio por el cual se cumpliría. Por eso es por lo que todo el propósito se concentra «en Cristo». Él es la suma de todo propósito y revelación espiritual. Él vino a expresar el propósito original que el ser humano había distorsionado por su pecado.

Cristo, como el segundo Adán, ejemplifica la razón de la creación del hombre. Dios había creado un ser semejante a Él para que gobernara, subyugara, se multiplicara y dominara la tierra. La realización del hombre se encontraría en el cumplimiento del propósito para el cual fue creado. Considere que al principio no existía religión organizada, estructuras humanas o medios alternos para acercarse a Dios. Dios se acercaba al hombre y tenía íntima e ininterrumpida comunión con él.

En el mero ejercicio y obediencia de sus funciones, el hombre era un adorador, su vida misma era un «altar» y su «comunión» con Dios no estaba manchada por una conciencia que lo acusaba. Esta era la condición en la cual el hombre cumpliría su propósito antes que el pecado entrara al mundo. Un momento de desobediencia y el despertar pasiones reservadas sólo para ser satisfechas por la unión con Dios, causa una interrupción en la consumación de aquel propósito original.

Pero Dios, que se había propuesto en sí mismo un propósito, incorpora la redención que era parte del plan original. Cristo es prometido en Génesis 3:15 y comienza el plan de rescate.

Dios, que había establecido lugar y día, comienza como perito arquitecto a trazar línea por línea el desarrollo y cumplimiento de aquel modelo. Comienza llamando a Abraham y le promete ser padre de multitudes. Nace Isaac, que es un hijo de la promesa, y este tiene a Jacob, el cual tiene doce hijos, los cuales se convierten en el pueblo de Israel. A este pueblo se le dan leyes diseñadas para identificar en ellos el pecado y su incapacidad de salvarse a ellos mismo. La intención de Dios nunca ha sido que convirtamos sus mandamientos en leyes rigurosas y tradiciones impotentes que no permitan disfrutar la razón de nuestra existencia. Le ley es dada para entender nuestra condición y la necesidad de un Salvador que nos liberte y devuelva a nuestra condición original.

Después de cuatro mil años de prometido, aparece Cristo en escena y comienza a vivir en la plenitud del propósito de Dios. Mostró autoridad sobre sus enemigos, dominó aun la naturaleza, se reprodujo en doce discípulos, y enseñó verdades poderosas que dejaban a sus oyentes con el deseo de volverlo a escuchar. Su mensaje era radical, «el reino de los cielos está entre vosotros». Isaías lo había profetizado. El enviado de Dios traería el gobierno y el dominio sobre sus hombros, (Isaías 9:6). ¡Qué glorioso día! Dios estaba en Cristo reconciliando al mundo con Él y mostrándole una vez más el propósito de su creación. El cumplimiento de aquel plan requería ahora una muerte.

> TÚ NO NACISTE PARA BUSCAR UN PROPÓSITO, EL PROPÓSITO TE TRAJO AL PLANETA.

El apóstol Pablo dijo: «*Pues si por la transgresión de uno solo reinó la muerte, mucho más reinarán en vida por uno solo, Jesucristo, los que reciben la abundancia de la gracia y del don de la justicia*» (Romanos 5:17).

Cristo muere, pero resucita al tercer día. Se aparece a sus discípulos y los comisiona en su nombre al cumplimiento del propósito original de Dios. A través de los Evangelios y las epístolas descubrimos que lo que se había interrumpido ahora es hecho accesible y permanente por medio de la fe en Cristo. Aceptar a Cristo no es solo el rescate de la condenación del pecado, sino que por medio de su Espíritu Él desea restaurar en ti el propósito por el cual fuiste creado y salvo.

Como puede ver, desde el principio Dios lo creó para que fuera gobernante, para que dominara, subyugara, estuviera en unión con Él y se multiplicara. Cristo no lo salvó para convertirlo en un buen religioso. La religión es el intento vano del hombre para acercarse a Dios. El evangelio es la buena noticia que en Cristo la humanidad está reconciliada con Dios. «Aun cuando estábamos muertos en delitos y pecados, Cristo murió por nosotros», lo declara el apóstol Pablo en Efesios 2:5.

Tú no naciste para buscar un propósito, el propósito te trajo al planeta. Su propósito en la vida está relacionado a la intención de su Creador y Salvador. Cuando este propósito es desconocido, vivimos sin dirección y sin un sentido claro de visión. El propósito en la vida del creyente es como el compás interno del águila. No importa cuán lejos esté de su zona de propósito, siempre hay una tensión interna que lo atrae hacia Dios.

UNA VISIÓN DADA POR DIOS

La visión es diferente, está relacionada a las imágenes mentales, que le permiten ver lo que Dios se ha propuesto con usted. Una visión dada por Dios es una mirada inspirada al futuro. Una visión es el puente entre su hoy y su mañana. La visión dicta lo que debe ser, no necesariamente lo que está sucediendo. Una visión dada por Dios es como la gasolina en el motor de un automóvil, lo que mueve al vehículo es el motor, pero la gasolina lo activa. Una visión activa sus capacidades. Sin una visión vivirás frustrado y experimentando en la vida. Los efectos de una visión dada por Dios en la vida de una persona son poderosos.

Una visión integral y genuina tiene que estar relacionada al propósito de Dios y su reino. En el Nuevo Pacto la visión es Cristo y Él crucificado y equipar a los santos. Una visión que se limita al bienestar o deseo personal no cualifica como algo impartido de Dios. Cuando Dios imparte algo siempre es en el contexto de su plan maestro. Aunque la persona puede ser prosperada en el proceso, la razón para la visión no es el beneficio para la persona, sino el establecimiento y extensión del reino y propósitos de Dios en la tierra. Una visión no es un fin en sí mismo, sino un medio para cumplir el propósito mayor.

La vida de varios personajes bíblicos nos demuestra que una visión dada por Dios tiene efectos poderosos en una persona. Consideremos por ejemplo a Abraham. Luego de que Dios marcara su destino con una palabra profética de multiplicación, dominio y gobierno, le prometió un hijo para luego pedírselo en sacrificio. Piense por un momento. ¿Qué lleva a un hombre a estar tan dispuesto a sacrificar a su propio hijo por obediencia a Dios? Personalmente no creo que yo hubiera respondido tan fácil. Mis dos hijas son muy especiales para mi esposa y para mí.

Estoy seguro de que Isaac era muy especial para Abraham. Él era el hijo de la promesa, lo tuvo en su vejez y en él se cumpliría el propósito y promesas de Dios para Abraham.

El relato bíblico nos muestra la disposición de Abraham, de ir camino de tres días cargado con leña, subir a un monte, preparar un altar, poner a su hijo y sacrificarlo en obediencia a Jehová. Parece una novela, hasta que comenzamos a entender lo que allí estaba sucediendo. Este evento se hace aún más interesante cuando vemos la disposición de Abraham de quemar a su hijo y presentarlo como una ofrenda de holocausto. Este era el propósito de la leña.

> CUANDO DIOS IMPARTE ALGO SIEMPRE ES EN EL CONTEXTO DE SU PLAN MAESTRO.

¿Qué estaba pasando por la mente y el corazón de Abraham? ¿Qué emociones experimentó? ¿Se habrá confundido en algún momento? ¿Consideró regresarse a la casa y no sacrificar a Isaac? Sabemos que en otras ocasiones la tentación venció a Abraham. Si no tuviéramos el capítulo 11 del libro de Hebreos, muchos de nuestros interrogantes no tendrían respuestas:

«*Por la fe Abraham, cuando fue probado, ofreció a Isaac; y el que había recibido las promesas ofrecía su unigénito, habiéndosele dicho: En Isaac te será llamada descendencia; pensando que Dios es poderoso para levantar aun de entre los muertos, de donde, en sentido figurado, también le volvió a recibir*» (*Hebreos 11:17-19*).

EL «MODUS OPERANDI» DE DIOS EN ABRAHAM

En los versículos antes mencionados, podemos observar el «modus operandi» que hubo en Abraham, por lo cual pudo pasar la prueba a la cual fue sometido.

Primero: *La visión antecede la comisión.* La primera imagen mental que Dios le dio a Abraham fue cuando le mostró las estrellas del cielo y la arena del mar como evidencia del cumplimiento de la promesa. Cada vez que Abraham miraba las estrellas y la arena del mar recordaba la visión y la promesa que Dios le había dado.

Segundo: *La visión lo desconecta del pasado, le muestra el futuro para obedecer en el presente.* La confianza de Abraham al estar dispuesto a sacrificar a su hijo era que descansaba en el hecho de que ya tenía una visión de la resurrección de Cristo. En el texto de Juan 8:48-59, Cristo respondió algunas preguntas a religiosos ciegos. Recuerde que los fariseos tenían ojos y no veían. No pudieron discernir quién estaba entre ellos. Al que ellos pretendían obedecer y honrar vino a estar entre ellos y con ellos, y no lo conocieron. En el desarrollo de la conversación, el Señor hizo una declaración sorprendente que enfureció a los oyentes. Él dijo:

«*Abraham vuestro padre se gozó de que había de ver mi día; y lo vio, y se gozó*» (Juan 8:56). Imagínese la respuesta de ellos, muy lógica, por cierto: «*Aún no tienes cincuenta años, ¿y has visto a Abraham?*» (Juan 8:57). La realidad era que Abraham había visto el día de Cristo y se gozó. Ese «día» que Abraham vio fue el día de la resurrección. Esto es una visión en su más pura esencia. Dios le permitió a Abraham una entrada al futuro que revolucionó su presente, al extremo de estar dispuesto a sacrificar el instrumento donde la promesa se cumpliría, porque él sabía que Dios era poderoso para devolvérselo aun de entre los muertos.

La visión que Dios imparte transforma su presente, altera sus planes y se conecta al plan maestro de Dios. Una visión divinamente inspirada lo remueve de su zona de comodidad y le imparte una fe que otros sin visión no pueden entender.

Cuando Abraham fue a sacrificar a Isaac, dijo: «Subiremos al monte y regresaremos». Él sabía que, aunque sacrificara a Isaac, Dios cumpliría su promesa, porque él había visto en visión el día de la resurrección. Por eso, una visión no se puede copiar o imitar. Es un peligro reproducir en la fuerza humana lo que tomó una impartición divina.

Cada persona a quien Dios llama tiene que asegurarse que la motivación de su corazón nazca de lo que Dios le ha mostrado, no de lo que ve a otros hacer. Dios tiene una visión diseñada exclusivamente para usted, para que cumpla el propósito de su llamado y salvación. Mientras que la visión que Dios le ha dado puede parecerse a otras, lo que distingue la suya de las demás es lo que Dios le ha mostrado. Cada visión tiene particularidades muy peculiares que la distinguen a una de la otra. De la misma forma que no hay dos personas iguales, tampoco existen dos visiones iguales. Su visión está diseñada exclusivamente para usted. Es consistente con su llamado, propósito de salvación, dones, talentos, habilidades y recursos divinos.

Capítulo 14

EL PODER DE UNA VISIÓN

Cuando un individuo no tiene visión:
El desorden es aceptable.

—BISHOP TUDOR BISMARK

JOSÉ ES UN personaje bíblico que nos permite entender los efectos de una visión divinamente inspirada. Su historia ocupa los últimos capítulos del libro de Génesis. Todo comienza con un sueño, una visión a la edad de diecisiete años. En el sueño Dios le muestra el futuro que le esperaba: Autoridad y gobierno era su destino. En la emoción y perplejidad de lo que aquello significaba se lo contó a sus hermanos, y la historia registra que lo envidiaron aún más.

José fue un joven muy especial para su padre Jacob. Nació en la vejez de su padre, de la mujer que él más amaba y en el cual sus sueños se cumplirían. Podríamos decir que José era el niño mimado de la casa. Las continuas atenciones y cuidado del padre hacia José despertaron en sus medios hermanos envidia y celos. A pesar de todo esto Dios tenía un plan diseñado para José, el cual comenzó a mostrarle a una edad muy temprana. Aquella visión causó la persecución de sus hermanos, quienes quisieron apagar el sueño y destino de José. Lo echan a una cisterna de donde fue sacado por unos mercaderes madianitas, que lo vendieron a unos ismaelitas que iban camino a Egipto. Allí, Potifar, oficial de Faraón, compró a José de manos de los ismaelitas que lo habían llevado. En la casa de su amo, Dios le dio gracia y favor, y como resultado, la casa del egipcio fue aun bendecida. Luego de un tiempo, la mujer de su amo puso los ojos en él y le pidió a José que durmiera con ella. José se resistió, no pecó contra Dios y no cedió a su ofrecimiento. Esto provocó que la mujer lo acusara falsamente y lo encarcelara, sin embargo, Jehová estaba con él.

> NO HAY TIERRA PROMETIDA SI NO PASA UN DESIERTO, NO HAY TRONO SIN UNA CRUZ, NO HAY RECOMPENSA SI NO SE HA TRABAJADO.

En la cárcel se convirtió en un líder e interpretador de sueños. Antes de su liberación interpretó dos sueños: uno al copero y el otro al panadero. Ambos sueños se cumplieron.

Pasados dos años, Faraón tuvo un sueño y nadie de su reino sabía interpretarlo. El copero se acordó de José y lo recomendó al faraón. Lo llevaron ante faraón y allí interpretó el sueño con precisión. Dios le dio sabiduría. De allí pasó a ser el segundo en autoridad en todo Egipto. Desde el momento que José tuvo el sueño hasta su cumplimiento pasaron trece largos años de experiencias y sufrimientos. Cuando llegó al trono, una gran hambre cubrió la tierra. Sus hermanos fueron a Egipto enviados por su padre para buscar alimentos, y allí José los reconoce. Su corazón estaba compungido, y diseñó un plan para restaurar a su familia. En posición de autoridad, y con la oportunidad de vengarse, aquel hombre resiste la tentación de pagar mal por mal, y decide amar y cuidar a los suyos.

¿Cómo nace en el hombre la capacidad de amar y restaurar, aun cuando le han hecho mal? Es aquí donde vemos una vez más el poder de una visión en el corazón de una persona. Todo comenzó con una visión. De esta historia podemos aprender varios principios:

Una visión dada por Dios te preserva hasta su cumplimiento

El odio, la envidia, la cisterna y la cárcel no pudieron matar a José antes de tiempo. La visión que Dios le ha impartido crea un cerco de protección contra su vida. Por eso, todo lo que ha pasado no ha sido suficiente para apagar la pasión de ver el cumplimiento de lo que Dios le ha mostrado. Mientras que otros en el camino se han rendido, tú has sido guardado hasta este momento, por causa de la visión. Es una realidad que en el proceso ha sido probado, dificultades se han presentado, pero eso no cancela lo que Dios te ha mostrado. Aun cuando tú mismo hayas cometido serios errores, aun por la ignorancia como en el caso de Moisés, la visión le restaurará su dignidad, identidad y misión.

Una visión dada por Dios pone en perspectiva
los obstáculos del camino

José no permitió que la amargura y el resentimiento llenaran su corazón. Lo que él había visto en el sueño era más glorioso que lo que estaba viviendo en aquel momento. Esta capacidad de mantener en perspectiva el presente en relación con la visión, lo protegerá de tomar decisiones a la ligera. José sabía que aun sus enemigos eran parte del personal necesario para el cumplimiento de la visión. Una persona de visión no tiene enemigos. Cristo nunca tuvo enemigos, porque él sabía que los que se oponían eran necesarios para el cumplimiento de su propósito. Esto lo llevó a perdonar en la cruz a los que lo habían crucificado, liberándose así de la amargura y el resentimiento que puede nacer en el corazón.

Muchas personas guardan en su corazón heridas y amarguras que contaminan la visión. Considera que muchas de las cosas que has vivido eran necesarias para acercarte más al cumplimiento de lo que el Señor te ha dicho. Yo he conocido a personas que no hubieran logrado nada si no hubieran pasado por las dificultades que tuvieron. No hay tierra prometida si no pasa un desierto, no hay trono sin una cruz, no hay recompensa si no se ha trabajado. Si puede poner en perspectiva que lo que ha vivido era necesario, encontrará suficiente fuerza para liberar el perdón a aquellos que lo han ofendido. No contamine su vida alojando recuerdos y ensayando escenas que no producen vida y pasión. La amargura es un veneno que contamina el alma.

Decídase hoy a perdonar a sus ofensores. Recobre la pasión por la vida y disfrute el cumplimiento de la visión. Los mismos que quisieron hacerle daño a José fueron aquellos que él ayudó en el tiempo de la necesidad. La Biblia no registra un evento en la vida de José donde él haya actuado motivado por amargura y resentimiento. Él mantuvo el enfoque correcto, y sabía que lo que ellos habían planificado para su mal, Dios lo tornaría para su bien, (Génesis 50:20).

Una visión dada por Dios lo convierte en un líder, aun en las situaciones más difíciles

En la cárcel, José no perdió el tiempo. Muchas personas cuando están atravesando los obstáculos necesarios para el cumplimiento de su visión, se comportan de una manera que no es consistente con su propósito. José era un líder en la cárcel. No leemos que él estaba quejándose, frustrado, deprimido o desenfocado. Estaba tan concentrado en sus sentidos que cuando llegó el momento de interpretar sueños lo hizo con tal precisión que ambas interpretaciones se cumplieron. Lo mismo vemos en el apóstol Pablo cuando estaba preso, lo encontramos cantando a medianoche. Él y su compañero estaban descansando en la visión que habían recibido. El evangelio tenía que ser predicado a los gentiles. De repente, un terremoto abrió la puerta de la prisión y salieron, pero no sin antes ministrar salvación al carcelero de Filipos, que fue un puente para que la salvación llegara a muchas personas. No permita que sus dificultades lo desenfoquen. Dios le ha dado una visión, y aunque esté pasando por dificultades, no permita que los problemas cambien su comportamiento.

Ninguna visión quedará sin la confrontación de obstáculos. El problema de muchas personas no es que no tienen una visión, sino la clase de visión que tienen. No podemos confundir la visión con los resultados que una visión produce. La visión es dada para que el propósito se manifieste. En esencia, el propósito de Dios está relacionado con: gobierno, autoridad y multiplicación. Estos elementos deben cumplirse en el corazón de toda visión, si es que esa visión cumplirá con el propósito divino.

En la vida de una persona la visión crea enfoque y precisión. El llamamiento del apóstol Pablo fue acompañado de una «visión celestial». Su misión fue definida por lo que se le mostró, y su asignación fue cumplida a través de su ministerio.

El enfoque producido por una visión mantiene a la persona concentrada y efectiva en lo que hace. Veamos el poder de este enfoque en la vida del apóstol Pablo: «*Hermanos, yo mismo no pretendo haberlo ya alcanzado; pero una cosa hago*» (Filipenses 3:13). Esta precisión de enfoque hizo posible que gran parte del mundo de aquel tiempo fuera evangelizado. El enfoque crea un lente magnificador que reduce el impacto de las distracciones. Una persona enfocada evitará todo lo que trate de desconectarla de su meta y la visión que ha recibido. La visión necesita alimentarse de la Palabra de Dios, la palabra profética, la historia y el Espíritu Santo para intensificar el potencial de lo que el Señor está haciendo en esta generación. Para que una visión pueda resistir y vencer los obstáculos del camino necesita tener un fuerte contenido bíblico, ser balanceada y progresiva.

Estos tres ingredientes son el combustible para toda visión. Cuando la visión se alimenta de la revelación bíblica, es capaz de separar los deseos humanos del propósito eterno. En esta etapa la visión es como un filtro. El balance ayudará a mantener las prioridades en orden, mientras que el progreso eliminará la falta de efectividad y conducirá a una evaluación consistente de procesos.

FACTORES QUE LIMITAN UNA VISIÓN

El primer factor que puede limitar a una visión es una motivación equivocada. Toda persona tiene que preguntarse: ¿Cuál es mi misión? ¿Por qué deseo hacer esto? ¿Es esto parte del plan de Dios para mi vida o un mero deseo personal? ¿Cuál es mi fuente de inspiración? Las motivaciones equivocadas paralizan la energía necesaria para cumplir con una visión que resulte en alabanza y gloria al nombre del Señor. Cuando las motivaciones no están definidas nace la competencia, el celo y la envidia. Se resiente a los que están progresando y hay una frustración constante en la vida.

El segundo factor es la percepción no clara. Cuando la motivación es equivocada produce neblinas en la visión. Si la percepción no es clara conduce a participar en actividades y proyectos que no están en armonía con el desarrollo y progreso de la visión. En la vida de Cristo esto era muy evidente. Su entendimiento y enfoque lo llevó a maximizar su tiempo en la tierra. Por ejemplo; no pasaba la misma calidad de tiempo con todos. Sus amigos eran solo aquellos que hacían la voluntad del Padre. Se mantuvo enfocado solo en lo que vino a hacer. Muchas personas cometen el error de pensar que estar ocupados es lo mismo que ser efectivos. Estar ocupados no significa que se está logrando algo. Cristo solo se enfocó en lo necesario, porque su percepción era clara. Él sabía a lo que había venido.

El tercer factor que limita una visión es el egoísmo. La raíz del egoísmo es el orgullo que hace creer que uno es autosuficiente y puede generar todos los recursos necesarios en el cumplimiento de una visión. Lamentablemente, estas personas usualmente terminan frustradas y solas. Nadie, por más diestro que sea, recibe todo lo necesario para cumplir su visión solo. Toda visión necesita de un equipo de trabajo.

El cuarto elemento que limita la visión es el temor. Cuando Dios imparte una visión siempre será más grande que sus habilidades, recursos financieros y actividades personales. Esto puede ser intimidatorio. Sin embargo, con cada visión que Dios imparte también provee los recursos para cumplirla. La visión viene acompañada de la provisión. Cuando el pueblo de Israel salió de Egipto, lo hicieron con los recursos necesarios para edificar el tabernáculo en el desierto. Cuando Nehemías se dispuso a reconstruir el muro, Dios usó al rey para proveerle lo necesario. El ministerio de Cristo fue financiado antes de comenzarlo. Tres hombres sabios, dice la Biblia, le trajeron oro, incienso y mirra. Aquello no era simbólico sino práctico. La Biblia registra que las mujeres le servían a Jesús con sus bienes. El libro de los Hechos menciona a una mujer llamada Lidia, vendedora de púrpura y adinerada que les

> NO DEJES QUE EL TEMOR TE PARALICE. EL QUE TE DIO LA VISIÓN ESTÁ COMPROMETIDO A FINANCIARLA.

servía a los apóstoles, como una de las primeras convertidas. El dinero no es un problema para Dios. Él es el dueño del oro y de la plata. No dejes que el temor te paralice. El que te dio la visión está comprometido a financiarla. Por eso es tan importante asegurarse que la visión sea impartida por Dios y no por un capricho del hombre.

El quinto elemento es la indecisión. Muchas personas nunca logran darle forma a la visión porque están indecisos, y la indecisión es el fruto del de doble ánimo. Esta actitud inconsistente provoca en ellos la procrastinación. Como aprendimos en los primeros capítulos, *procrastinar* es dejar para mañana lo que se puede hacer hoy, es diferir, aplazar. Las personas indecisas siempre están comenzando, pero nunca terminan, tienen planes, pero no los ejecutan. Dios no le dio una visión para que la guarde, sino para que la cumpla. Su potencial está íntimamente ligado al desarrollo de la visión que Él le dio. Esperar a tener condiciones perfectas para iniciar el cumplimiento de la visión es un engaño. Nunca tendrá condiciones perfectas para hacer lo que tiene que hacer. Cuando yo entendí este principio recibí una gran liberación. Desde ese momento comencé a entender que la voluntad de Dios no es confirmada por la ausencia de problemas, sino su presencia en medio de ellos.

La visión debe ser escrita, articulada, establecida, trabajada y anticipada para que se cumpla. Dios no es un provocador, Él te dio una visión porque tienes una asignación que cumplir en esta generación. Sin visión vivirás sin dirección y no podrás desarrollar el potencial que Dios ha depositado en ti. Vivirás frustrado y desenfocado. Estoy seguro de que ese no es el estilo de vida que quieres vivir, y estoy seguro de que tampoco es la voluntad del Padre para ti. Como el águila en sus primeros años, tú no tenías una mirada clara del propósito y la visión de Dios para tu vida, pero ya has madurado y Él quiere que te enfoques y no pierdas más el tiempo. Elévate directo hacia el Sol de justicia y participa con Él en las alturas.

Capítulo 15

CÓMO ENFRENTAR LAS TORMENTAS EN LAS ALTURAS

«El carácter no puede desarrollarse en quietud y facilismo. Sólo a través de pruebas y sufrimiento, el alma puede fortalecerse, la visión clarificarse, la ambición ser inspirada y el éxito obtenido».

—Helen Keller, escritora

E N EL REINO animal, la mayoría de los animales perciben cuando una tormenta se acerca y buscan refugio y seguridad. Recuerdo cuando era niño, en un barrio de Puerto Rico donde me crie, al llegar el tiempo de lluvias y tormentas, comenzaba a escucharse el cantar de los gallos y el cacareo de las gallinas. Se podía percibir cierta incomodidad y ansiedad en los animales frente a las tormentas que se avecinaban.

Sin embargo, el águila actúa diferente a la mayoría de los animales cuando el tiempo de tormenta se avecina. Por causa de su visión binocular puede ver la tormenta acercarse a gran distancia y decide no huir de ella, antes bien se sienta al borde de su nido a esperar. Ella sabe que no tiene poder para detenerla, sin embargo, se mantiene quieta, sin temor.

Cuando los vientos comienzan a soplar fuerte a su alrededor, utilizando las mismas corrientes ventosas de la tormenta, comienza a elevarse cada vez más alto, hasta que ve la luz del sol. Desde esa altura contempla el poder destructor de la tormenta y cómo afectó a tantos otros animales. Las tormentas que el águila enfrenta en las alturas representan las adversidades, aflicciones y conflictos que la vida nos presenta en diferentes temporadas de nuestra vida. En lo natural, una tormenta se define como: «Perturbación atmosférica violenta, acompañada de aparato eléctrico y viento fuerte, lluvia, nieve o granizo. Un cambio en la condición atmosférica. Es una fuerza de vientos en sus niveles más elevados». Estas definiciones pueden ilustrar la temporada que estás atravesando en tu vida, porque nadie es inmune a las adversidades. Cristo les anticipó a sus discípulos acerca de las dificultades que enfrentarían en la vida al decirles que «en el mundo tendrían aflicción».

Las aflicciones y adversidades no están reservadas solo para los que hacen mal, también los justos sufren y tienen dificultades. La pregunta acerca del sufrimiento del justo ha ocupado la mente del hombre desde tiempos antiguos.

En Job, el libro más antiguo de la Biblia, se registran los argumentos y razones que se entendía por lo cual Job estaba sufriendo. Luego de presentar su caso, Dios le dijo a Job que sus amigos no habían hablado con sabiduría cuando se referían a su caso. Esto nos demuestra que no hay una respuesta simple para contestar la pregunta del porqué del sufrimiento.

En la Biblia se usan varios sinónimos para describir el sufrimiento: aflicción, angustia, pena, miseria, opresión, trabajo, dolor, tribulación, plaga, castigo, disciplina, etc. también se describe en diferentes versos la realidad del sufrimiento de los hijos de Dios. Por ejemplo:

Hechos 5:41 – *«Y ellos salieron de la presencia del concilio, gozosos de haber sido tenidos por dignos de padecer afrenta por causa del Nombre».*
Hechos 9:16 – *«porque yo le mostraré cuánto le es necesario padecer por mi nombre».*
Romanos 8:17 – *«Y si hijos, también herederos; herederos de Dios y coherederos con Cristo, si es que padecemos juntamente con él, para que juntamente con él seamos glorificados».*
1 Corintios 12:26 – *«De manera que, si un miembro padece, todos los miembros se duelen con él, y si un miembro recibe honra, todos los miembros con él se gozan».*
Filipenses 1:29 – *«Porque a vosotros os es concedido a causa de Cristo, no sólo que creáis en él, sino también que padezcáis por él».*

Ver también: Filipenses 3:10; Colosenses 1:24; 1 Tesalonicenses 3:4; 2 Tesalonicenses 1:5; 2 Timoteo 1:8; 2 Timoteo 2:3; Santiago 5:13; 1 Pedro 3:14; 1 Pedro 3:17; 1 Pedro 4:13; 1 Pedro 4:19; Apocalipsis 2:10.

Las respuestas al sufrimiento son diferentes y se pueden categorizar en tres tipos de perspectivas:

Toda la vida es sufrimiento: Los budistas dicen que la causa del sufrimiento es el deseo, buscan acabar con el deseo en el nirvana.
El sufrimiento es un hecho desafortunado de la vida: Esta perspectiva del sufrimiento alimenta diferentes actitudes hacia la vida, por ejemplo:

+ Dualismo - el bien y el mal
+ Fatalismo - aceptarlo; lo que será, será
+ Estoicismo - aguántalo; aprende a sobrellevarlo, a sobrevivir, «pensamiento positivo»
+ Humanismo - conquistarlo, superarlo, hacerse cargo de su propio destino
+ Escapismo - evita todo lo que puedas

El sufrimiento es una ilusión: Esta postura crea un idealismo que niega, no cree o considera al sufrimiento como una irrealidad.

Para los hijos de Dios el sufrimiento es un hecho de la vida, pero no necesariamente un hecho desafortunado de la vida. El matemático y filósofo alemán Gottfried Leibniz, acuñó el término «Teodicea» como un intento de responder a la pregunta de por qué un Dios bueno permite manifestaciones de maldad. A esto se le conoce como la doctrina de la Teodicea. Para un estudio profundo de esta temática vea el libro *Evil And The Justice Of God* por N.T. Wright. El tema del sufrimiento no vende taquillas para el concierto ni tampoco llenará a capacidad la próxima conferencia internacional apostólica y profética. Intencional y convenientemente este tema no está presente en nuestros púlpitos y en la programación televisiva.

Como resultado de esto, a pesar de la cantidad de predicaciones y estudios bíblicos que hemos absorbido por décadas, la mayoría de los creyentes no están equipados y viven en negación de los dos factores más reales de la vida: el sufrir y la muerte. Los buenos «sufren» y los malos «prosperan».

El sufrimiento es el fruto del misterio de iniquidad que opera en un mundo caído, y la nueva creación no está inmune a esto. Nuestra obediencia es el fruto de la nueva naturaleza no un «cerco de protección místico» que espiritualmente te inocula de todo tipo de sufrimiento. En Cristo, tu obediencia te puede costar la vida.

La respuesta al sufrimiento históricamente ha sido extrema. En la Edad Media el sufrimiento se glorificaba, en nuestro tiempo se ignora o se niega. Esto nos provoca una pregunta, ¿Cómo debemos entender y procesar el sufrimiento? El sufrimiento no tiene ningún mérito inherente en sí mismo. El sufrimiento en cualquier forma debe ser resistido, aliviado y ministrado, cuando podamos y de la mejor forma posible. Jesús alivió el sufrimiento humano, por medio de milagros, y destruyó las obras de Satanás. Para nosotros no es menos que eso. Debemos usar cada recurso a nuestra disposición, natural y sobrenatural. Pero, tampoco nos debe sorprender si nos llega el sufrimiento.

No tenemos que estar buscando el sufrimiento como un esfuerzo mal dirigido o informado en búsqueda de pureza espiritual. El sufrimiento no se busca. Viene sin invitarlo, no pide permiso, no respeta estatus social, o conocimiento de la Biblia. El sufrimiento no es inherentemente beneficioso. No hay virtud en él. Una cosa no es necesariamente equivalente a otra. Hay buen tiempo y malos tiempos, hay cosas buenas y cosas malas, ellas no se causan así mismas, hay días de sol y días de huracanes. Es un peligro hacer un equivalente de cosas que son normales.

> EL SUFRIMIENTO ES EL FRUTO DEL MISTERIO DE INIQUIDAD QUE OPERA EN UN MUNDO CAÍDO, Y LA NUEVA CREACIÓN NO ESTÁ INMUNE A ESTO.

En un mismo contexto puede haber cosas buenas y cosas malas. La pregunta no es si el sufrimiento causa una bendición. Decirle a la gente que Dios le va a devolver siete veces lo que el diablo le robó, porque han sufrido mucho, y Job lo experimentó, no es una doctrina del Nuevo Pacto. La experiencia de Job es descriptiva no prescriptiva. En otras palabras, la intención del escritor es señalar que Dios hace justicia a los suyos, como esa justicia se manifiesta no es igual para todos. Tampoco aplica la frase, «si eso fue así en un pacto inferior cuanto más será en el Nuevo Pacto». La realidad del Nuevo Pacto es de esencia espiritual no cuantas casas y carros tienes. Un impío que aplique los principios de vida y empresa que están en el Viejo Pacto será más próspero que un creyente que es un perito en la teología del Nuevo Pacto. Una cosa no equivale a la otra.

La pregunta debe ser, ¿cómo responderemos al sufrimiento?, y si recibimos amor y cuidado de otros en medio de nuestro sufrimiento. El sufrimiento es una oportunidad, no una virtud. La oportunidad que nos presenta el sufrimiento es mostrar la vida de Cristo en nuestra experiencia humana aquí en la tierra, lo cual es la razón por la cual la creación misma gime, la manifestación de los hijos de Dios. Esta experiencia se hace en compañía de otros, porque no estamos diseñados para cruzar esos desiertos a solas.

EL LUGAR MÁS SEGURO ANTE UNA TORMENTA

Dios permite tormentas en nuestra vida para separar lo eterno de lo terrenal. Cada tormenta probará si estabas preparado para elevarte o estabas

> **LAS ADVERSIDADES QUE DIOS PERMITE EN LA VIDA NO ESTÁN DISEÑADAS PARA DESTRUIRNOS, SINO PARA MOTIVARNOS A QUE NOS ELEVEMOS SOBRE ELLAS.**

intoxicado por haber comido la basura de esta tierra como el buitre. El águila sabe que el lugar más seguro para atravesar una tormenta es estar más cerca del sol, más arriba de la tempestad. El sol representa a Cristo, «Él es el Sol de justicia». Durante el azote de una tormenta parece que el sol se escondiera, pero en realidad es que las nubes tormentosas lo ocultan, ya que el sol siempre está ahí.

En momentos difíciles de la vida parece que Dios se esconde. Entonces preguntamos: «Señor ¿dónde estás? ¿Por qué me abandonaste?». La realidad es que Él siempre ha estado en su lugar. Él siempre ha estado en y con usted, la diferencia fue su reacción ante la tormenta. Todos los que nos han antecedido han tenido que enfrentar adversidades. Moisés enfrentó la oposición de Faraón, Josué a los amalecitas, José a sus hermanos, Cristo al diablo y Pablo enfrentó a los religiosos de su tiempo.

> *Pero tú has seguido mi doctrina, conducta, propósito, fe, longanimidad, amor, paciencia, persecuciones, padecimientos, como los que me sobrevinieron en Antioquía, en Iconio, en Listra; persecuciones que he sufrido, y de todas me ha librado el Señor. Y también todos los que quieren vivir piadosamente en Cristo Jesús padecerán persecución (2 Timoteo 3:10-12).*

Usualmente las tormentas son más grandes que nuestra capacidad de resolverlas, y generalmente se presentan en conjunto, varios elementos al mismo tiempo. En lo natural, una tormenta es la acumulación de varias fuerzas: el aire frío y caliente, la temperatura atmosférica y la temperatura del agua. Así también las tormentas de la vida, es una composición de varias cosas al mismo tiempo.

Las adversidades que Dios permite en la vida no están diseñadas para destruirnos, sino para motivarnos a que nos elevemos sobre ellas. Un conocimiento esencial del porqué enfrentamos dificultades en nuestro desarrollo es indispensable si queremos pasar esa tormenta con que enfrentamos.

PROPÓSITO DE LAS ADVERSIDADES

Veamos cuál es el propósito de las adversidades en nuestra vida:

La adversidad es la forma en que Dios logra nuestra atención

Jesús enseñó que los afanes de este mundo hacen a la Palabra de Dios inoperante. A veces puedes estar tan ocupado en tus planes y proyectos, que no escuchas la voz de Dios en el proceso. Continuamente Dios quiere hablarte para darte dirección y dirigir tus pasos.

La adversidad es la garantía de que Dios nos ama

Y habéis ya olvidado la exhortación que como a hijos se os dirige, diciendo: Hijo mío, no menosprecies la disciplina del Señor, ni desmayes cuando eres reprendido por él (Hebreos 12:5).

La palabra «disciplina» significa «instrucción». La disciplina del Señor tiene el propósito de hacernos partícipes de su santidad y propósito a través de su instrucción. La vida en Cristo es un continuo aprendizaje de la vida en el Espíritu. Una vida entera no es suficiente para conocer las profundidades del amor de Dios. A veces nos distraemos en el proceso y Dios permite situaciones para mostrarnos su gran amor y profundo interés por nosotros. Cuando Él nos corrige no es para hacernos mal, sino porque nos ama.

La adversidad es un recordatorio de nuestra debilidad

El apóstol Pablo enfrentó dificultades físicas, religiosas, oposición, peligros y todo tipo de pruebas. A través de cada experiencia, él descubrió que en su debilidad era más fuerte:

«Por lo cual, por amor a Cristo me gozo en las debilidades, en afrentas, en necesidades, en persecuciones, en angustias; porque cuando soy débil, entonces soy fuerte» (2 Corintios 12:10).

Uno de los grandes beneficios de las adversidades es que nos llevan a confiar absolutamente en la gracia del Señor. Cuando las fuerzas se acaban, Dios imparte gracia y favor para que continuemos.

La adversidad es la forma que Dios usa
para conquistar nuestro orgullo

El propósito principal de Dios en sus tratos es conformarnos a la imagen de su Hijo. El orgullo se opone directamente a ese propósito, ya que no es otra cosa que pensar que lo que somos y tenemos ha sido nuestro resultado. El orgullo pretende destronar a Dios, y hacernos creer que en nuestras propias fuerzas somos autosuficientes. Esta actitud conduce a un egocentrismo y sentido de superioridad hacia los demás que es totalmente opuesto a la naturaleza de Cristo. Durante este tiempo de autoexaltación, la adversidad es permitida para mostrar nuestra insuficiencia e incapacidad y llevarnos a confiar absolutamente en Cristo.

La adversidad es una evidencia de que
estamos en un conflicto espiritual

Cuando la adversidad toma forma de confusión, sospecha y división, hay actividad espiritual del mal presente. El enemigo aprovecha estas temporadas tormentosas en nuestra vida para tomar ventaja y desenfocar al creyente de su confianza y descanso en Dios. A menos que no identifiques esta realidad espiritual, serás tentado para rendirte en el camino.

> *Porque no tenemos lucha contra sangre y carne, sino contra principados, contra potestades, contra los gobernadores de las tinieblas de este siglo, contra huestes espirituales de maldad en las regiones celestes (Efesios 6:12).*

La adversidad es la forma de Dios para probar nuestro trabajo

> *Cualquiera, pues, que me oye estas palabras, y las hace, le compararé a un hombre prudente, que edificó su casa sobre la roca. Descendió lluvia, y vinieron ríos, y soplaron vientos, y golpearon contra aquella casa; y no cayó, porque estaba fundada sobre la roca. Pero cualquiera que me oye estas palabras y no las hace, le compararé a un hombre insensato, que edificó su casa sobre la arena; y descendió lluvia, y vinieron ríos, y soplaron vientos, y dieron con ímpetu contra aquella casa; y cayó, y fue grande su ruina. Y*

cuando terminó Jesús estas palabras, la gente se admiraba de su doctrina; porque les enseñaba como quien tiene autoridad, y no como los escribas (Mateo 7:24-29).

Es interesante notar que la misma tormenta azotó a ambos hombres, la diferencia fue el fundamento sobre el cual habían edificado. La adversidad prueba la resistencia de lo que somos y lo que hacemos. ¿Sobre qué fundamento está construyendo su vida, su trabajo y su familia? ¿Está su fe fundada sobre la roca inconmovible de los siglos o está siendo azotado con pérdidas en el día de la tormenta? La adversidad es un buen tiempo para evaluar los pilares fundamentales de nuestra fe y los materiales de construcción con los que levantamos nuestra vida espiritual. Le aseguro que la tormenta los probará.

Estos propósitos enumerados hasta aquí nos ayudarán a entender que las tormentas que se presentan en la vida nos ayudan a elevarnos a nuevas alturas. Dios no permite que los vientos de la adversidad golpeen contra nuestra vida con el propósito de derrotarnos, sino para beneficiarnos y enseñarnos que:

> LA ADVERSIDAD ES UN BUEN TIEMPO PARA EVALUAR LOS PILARES FUNDAMENTALES DE NUESTRA FE.

+ Los vientos turbulentos causan que el águila vuele más alto.
+ La adversidad está diseñada para que te eleves.
+ Los vientos turbulentos le dan al águila una vista más amplia.
+ Mientras más alto vuele mejor será su perspectiva de las cosas que está viviendo.

Los vientos turbulentos permiten que el águila vuele con menos esfuerzo al utilizar las corrientes de aire como un impulso para elevarse. Tú sabes que no puedes hacer nada ante la tormenta, así que le entregas toda tu carga al Señor y te dejas llevar por Él hasta alcanzar la altura más cercana al sol.

+ Los vientos turbulentos hacen que el águila se mantenga
  elevada por más tiempo.

+ Los vientos turbulentos hacen que el águila vuele sobre
  las molestias de otras aves pequeñas.

El sufrimiento no es tanto un problema a resolver racionalmente, sino un misterio a observar personal y espiritualmente. La única manera de «ver» el misterio es mediante la recepción de la revelación de Dios en Jesucristo. Así participamos en el misterio de Cristo, (Col. 1:27; 2:2).

Nuestros sufrimientos, enfermedades y adversidades no son acontecimientos en sí mismos, sino que se definen por el efecto que permitimos que tengan sobre nosotros.

La respuesta de los hijos de Dios ante las adversidades y sufrimiento en la vida requiere que confiemos en Dios, su propósito y sus caminos. Esto es lo que dice la Biblia al respecto:

+ **Reconoce la suficiencia de su gracia en lo que estas atravesando**

  Y me ha dicho: Bástate mi gracia; porque mi poder se perfecciona en la debilidad. Por tanto, de buena gana me gloriaré más bien en mis debilidades, para que repose sobre mí el poder de Cristo (2 Corintios 12:9).

+ **Persevera**

  Y no sólo esto, sino que también nos gloriamos en las tribulaciones, sabiendo que la tribulación produce paciencia (Romanos 5:3).

+ **Soporta**

  Nos fatigamos trabajando con nuestras propias manos; nos maldicen, y bendecimos; padecemos persecución, y la soportamos (1 Corintios 4:12).

+ **Encomiéndate a Dios**

  De modo que los que padecen según la voluntad de Dios, encomienden sus almas al fiel Creador, y hagan el bien (1 Pedro 4:19).

Capítulo 16

EL ENEMIGO DE LAS ALTURAS

Vestíos de toda la armadura de Dios,
para que podáis estar firmes contra las asechanzas del diablo.
—Efesios 6:11

DE ACUERDO CON los libros de ciencias biológicas, el águila tiene pocos enemigos que la enfrentan, uno de ellos es el hombre, el otro es la serpiente. El hombre ha sido quien incorporó al águila imperial en la lista de aves en peligro de extinción, ya que luego de varias cacerías, es escasa la cantidad de águilas en las zonas donde suelen habitar. Me imagino que mientras tu mirada recorre este párrafo tu pensamiento reflexionará en el paralelismo entre el águila y los hijos de Dios. Pero permíteme decirte que, aunque el águila esté en peligro de extinción, los hijos de Dios entendidos, y comprometidos son cada vez más.

Sin embargo, quisiera ilustrarte acerca de cómo un águila es capturada por la mano del hombre a través de una trampa. El cazador coloca una piedra bastante grande a la orilla del río, ya que el tamaño del águila cuando despliega sus alas alcanza una longitud de 6 a 10 pies. Aunque al mirar el paisaje desde las ramas de un árbol, el águila sabe que la piedra nunca estuvo allí, ella ignora que eso podría llegar a convertirse en un aparente peligro.

Luego de considerarla por un tiempo, ella se convence que la roca que estaba mirando era una provisión para su propia conveniencia, para su propio bien. Al observarla un tiempo más y ver que nada alrededor ocurre, entonces se lanza del árbol donde estaba mirando y al posarse sobre la roca observa que fuera del agua hay unos peces que están en la orilla. Mira con cuidado a su alrededor y descubre que nada está fuera de orden. Se acerca a los peces y ve que en la grama que los rodea hay muchos más, pero nada está fuera de lo normal. Toma el pescado, lo lleva a su nido y allí lo devora. Al día siguiente hace lo mismo. Considera la piedra desde el árbol, se lanza a la piedra, mira los peces a la orilla del agua, toma uno y se lo lleva al nido. Realiza esta rutina diariamente hasta que ella misma se convence que todo está normal.

Unos días más tarde, el cazador que la estuvo observando desde la otra orilla del río, coloca un lazo a modo de trampa. Nuevamente el águila se posa sobre el árbol, pero esta vez contempla que en la roca donde ella se posaba está ahora cubierta por una estructura extraña. Se eleva alto y comienza a volar en forma circular para observar que todo esté en orden alrededor de la roca donde ella comía todos los días. Unos minutos después comienza a descender, para observar cada vez más de cerca aquella nueva estructura. Pero en esta ocasión, en vez de pararse sobre la roca lo hace sobre la estructura.

Luego, allí se detiene durante unos minutos, y ve que nada sucede. El cazador está observando cada movimiento que hace. Entonces el águila mira a su alrededor, nada es fuera de lo normal, se lanza, toma su alimento y regresa al nido. Pero un día, llega el águila, va directo a la roca, el cazador abre la trampa que había preparado, el lazo la toma y es atrapada. En su desesperación comienza a aletear, ella sabe que es un animal de las

> EL HOMBRE FUE CREADO PARA QUE PUDIERA EXPRESAR EL CARÁCTER DE DIOS DE UNA MANERA QUE NINGUNA OTRA CRIATURA EN LA TIERRA PODRÍA HACER.

alturas, que debe volar libre en los aires, pero al tratar de salir se enreda más en el lazo y las heridas se hacen aún más profundas. El cazador se acerca, la captura y así tomó en esclavitud a un ave que desarrolla sus capacidades únicamente cuando está libre.

EN EL PRINCIPIO

Dios creo al ser humano con capacidad para la función de la vida fisiológica, psicológica y espiritual, el ser humano es el orden más alto de la creación. El hombre fue creado para que pudiera expresar el carácter de Dios de una manera que ninguna otra criatura en la tierra podría hacer. Con la vida del Espíritu de Dios dentro de su capacidad de vida espiritual, el hombre tenía la intención de permitir que Dios influyera en su pensamiento, sus afectos y sus decisiones para permitir que el carácter de Dios se manifestara en su comportamiento externo para la gloria de Dios. Amor, alegría, paz, paciencia, amabilidad, bondad... (Gálatas 5:22,23) podían ser evidenciados dentro de las relaciones interpersonales ya que a Dios se le permitía activar el comportamiento justo en el hombre. Para que esto ocurra, el hombre tendría que ejercer la libertad de elección con la que fue creado.

Solo Dios tiene «libre albedrío» absoluto para hacer lo que le plaz-
ca (consistente con su carácter), pero solo como criatura elegida que
podría determinar libremente recibir o no recibir el carácter de Dios
podría el hombre tener la relación interpersonal con Dios y con los
demás seres humanos que Dios quiso para el hombre. El hombre tendría que elegir ser dependiente de Dios para derivar el carácter de Dios
en su comportamiento. El hombre funciona por receptividad. Es una
criatura de fe. Es responsable de elegir de qué fuente espiritual derivará su condición espiritual y su expresión de comportamiento quién es y
qué hace. Esa elección de que eso sea posible determinará si el hombre
derivará su activación de la identidad y el comportamiento de la fuente
espiritual de Dios o de Satanás.

Dios colocó al hombre original que había creado en un jardín en el
Edén (Génesis 2:8). En ese jardín Dios hizo crecer árboles que eran
estéticamente agradables para el hombre y beneficiosos para la alimentación física. Dos árboles son específicamente mencionados y etique-
tados como el «árbol de la vida» y el «árbol del conocimiento del bien
y del mal» (Génesis 2:9). Si bien admitimos que estos nombres no son
las designaciones botánicas de clase o especie, tampoco tenemos que
ir al extremo opuesto e indicar que estos árboles son solo «mitos con
un mensaje». Estos dos árboles eran probablemente dos árboles tangi-
bles en el jardín, designados con nombres particulares para indicar que
representaban dos aspectos de elección para la humanidad, una elección de expresión de comportamiento y condición espiritual. Ambos
árboles estaban situados en medio del jardín (Génesis 2:9; 3:3) con el
fin de centrar la atención del hombre en esta elección.

Con esta acción Dios no estaba tentando al hombre, «Dios no puede
ser tentado por el mal, ni él tienta a nadie» (Santiago 1:13). Le estaba
dando al hombre la oportunidad de funcionar como la criatura que lo
había creado para ser, que tendría que vivir con las consecuencias de
sus elecciones. En ese sentido, Dios estaba «probando» al hombre, para
determinar si el hombre elegiría ser el hombre como Dios pretendía
que fuera, derivando todo de Dios. Dios le estaba dando al hombre «el
beneficio de la duda», la oportunidad de dudar de que necesitara a Dios
para funcionar como se pretendía.

En el jardín todas las condiciones eran perfectas. El hombre nunca podría culpar a la condición del ambiente o al agotamiento de su cuerpo y alma por la elección que haría. El hombre nunca podría decir, «Pero estaba tan cansado que no pensaba con claridad». Había una perfecta libertad para elegir entre las dos alternativas. Que Dios haya presentado dos alternativas claras para la elección del hombre también es importante. No había un solo árbol de la prohibición y la limitación que proporcionaba un «No deberás... o si no». Tampoco había un árbol singular que representara la intención de Dios, y una elección del hombre de «¡Tómalo o déjalo!».

Los dos árboles alternativos indicaban una opción genuinamente viable para el hombre que no era un simple y singular «Sí o No» de obediencia o desobediencia, sino una compleja elección de uno u otro y sus consecuencias. Dios dejó claro cuál era su intención y preferencia por el hombre al decirle, «De todo árbol del huerto podrás comer;» (Génesis 2:16) del árbol de la vida, pero le prohíbe comer del árbol del conocimiento del bien y del mal, advirtiéndole que las consecuencias de esa elección lo alejarían de la vida de Dios, «más del árbol de la ciencia del bien y del mal no comerás; porque el día que de él comieres, ciertamente morirás» (Génesis 2:17).

La condición espiritual del hombre original era tal que el «recurso personal de la vida de Dios» estaba presente como la dinámica para la función de la vida espiritual dentro del espíritu del hombre. Dios había soplado en el hombre el espíritu de su vida como Padre, Hijo y Espíritu Santo. El «árbol de la vida» representaba la elección de permitir la expresión de la vida de Dios en el comportamiento del hombre, las «consecuencias prevalecientes de la vida de Dios». La elección del hombre del «árbol de la vida» habría permitido la «representación perpetua de la vida eterna de Dios» en el hombre, y habría «vivido para

DEBEMOS EVITAR ENCONTRARNOS EN SITUACIONES EN LAS QUE LA TENTACIÓN PODRÍA SER EJERCIDA, Y SABEMOS QUE LAS DEBILIDADES DE NUESTROS DESEOS CARNALES PODRÍAN SER ALIMENTADOS.

siempre» (Génesis 3:22), expresando la inmortalidad de la vida de Dios (1 Timoteo 6:16). El «árbol de la vida» representaba la elección de aceptar la provisión de Dios en su interior y la relación e identidad espiritual que ello implicaba, así como la elección de depender de la provisión de Dios en una acción de fe para obtener la expresión del carácter divino en el comportamiento del hombre.

Mientras que el «árbol de la vida» se menciona numerosas veces a lo largo de la Escritura, el «árbol del conocimiento del bien y del mal» nunca se menciona de nuevo en la Escritura fuera de los capítulos segundo y tercero del Génesis. ¿Por qué es así? Una vez que esa elección fue hecha por el hombre original, y los efectos de esta impregnaron a toda la raza humana, la elección de ese árbol nunca más fue necesaria. La humanidad había caído y permanecería en las consecuencias de la muerte hasta que individualmente recibiera la vida de Dios que estaría disponible de nuevo para el hombre en Jesucristo.

«En esa voluntad somos santificados mediante la ofrenda del cuerpo de Jesucristo hecha una vez para siempre, (Hebreos 10:10).

La voluntad de Cristo de ser «obediente hasta la muerte» (Filipenses 2:8) como el sacrificio representativo por los pecados de la humanidad permitió el establecimiento del nuevo pacto. La autoofrenda (7:27; 9:14) del cuerpo físico (5) de Jesucristo en la muerte sacrificial fue el singular y final (7:27; 9:12) acto remediador que eliminó las consecuencias del pecado del hombre y ratificó el nuevo pacto. Los hijos de Dios que han aceptado la eficacia de la muerte de Cristo en la cruz son «santificados por la fe en Cristo» (Hechos 26:18). Como «santos» (Romanos 8:27; Efesios 1:18; 4:12), son apartados para funcionar como Dios quiso en la manifestación de su santidad. Esta santificación es tanto una condición espiritual inicialmente recibida de los nacidos de Dios (Hechos 20:32; 1 Corintios. 6:11), como un proceso de comportamiento de crecimiento en la expresión del carácter santo de Dios (Juan 17:19; 1 Tesalonicenses 4:3).

Por medio de nuestras decisiones y elecciones permitimos la expresión del carácter de Cristo en nuestra vida o si cedemos a la tentación seremos atrapados como el águila por el cazador. La tentación no es pecado, sino una incitación o solicitud para pecar.

> *«Sino que cada uno es tentado, cuando de su propia concupiscencia es atraído y seducido. Entonces la concupiscencia, después que ha concebido, da a luz el pecado; y el pecado, siendo consumado, da a luz la muerte» (Santiago 1:14-15).*

Por cuanto tenemos la capacidad y libertad para escoger, nuestra respuesta a la tentación determina si somos «atrapados», o mantenemos la libertad con la cual «Cristo nos hizo libres» (Gálatas 5:1).

Nuestra decisión siempre demostrará el carácter que estamos expresando, el de Cristo, o el de Satanás. Dios no es el que decidió que pecáramos (determinismo divino) o fue la culpa del diablo (determinismo diabólico). Siempre tenemos la opción de resistir lo que solicita la tentación y evitar las desastrosas consecuencias que produce el pecado.

Cuando respondemos en fe a la actividad de Dios en nosotros por medio de su Espíritu, podemos someternos a Dios y resistir al diablo, (Santiago 4:7) y vivir en la suficiencia de la provisión de la gracia de Dios.

Como todas las cosas que pertenecen a la vida y a la piedad nos han sido dadas por su divino poder, mediante el conocimiento de aquel que nos llamó por su gloria y excelencia (2 Pedro 1:3).

LA SUTILEZA DE LA TENTACIÓN

Debemos evitar encontrarnos en situaciones en las que la tentación podría ser ejercida, y sabemos que las debilidades de nuestros deseos carnales podrían ser alimentados.

> *«Porque el deseo de la carne es contra el Espíritu, y el del Espíritu es contra la carne; y éstos se oponen entre sí, para que no hagáis lo que quisiereis» (Gálatas 5:17).*

Cinco cosas que debemos evitar para ser capturados:

1.   **Los peligros ocultos usualmente tienen evidencia visible.**

El problema del águila fue que ella ignoró lo que estaba viendo. Ella sabía que no era normal que un pez esté fuera del agua, ya que cada día debía descender para capturarlo. No todo aquel que quiere ser su amigo, puede serlo. No todo aquel que quiere entrar a su casa lo hace para bendecirlo. Hay cosas que se ven de antemano que son indicadores de que algo no está bien. El capítulo 7 de Proverbios nos aconseja claramente que guardemos sus mandamientos, sus consejos, y que los escribamos en nuestro corazón. Nos aconseja emparentarnos con la sabiduría para que seamos guardados de la trampa del mundo. El proverbista continúa relatando la historia de un muchacho que era falto de entendimiento, que iba por la calle cuando ya oscurecía, entre las tinieblas de la noche, cuando una prostituta astuta de corazón salió a su encuentro, le tendió una trampa y fue capturado por ella. «*Al punto se marchó tras ella, cómo va el buey al degolladero, y como el necio a las prisiones para ser castigado*» (v. 22).

Este muchacho estaba en un lugar que no debía a la hora que no correspondía, para terminar, haciendo lo que destruía. Ella era casada y su esposo no estaba, pero el joven ignoró todo esto, porque ella «*lo rindió con la suavidad de sus muchas palabras, le obligó con la zalamería de sus labios*» (v. 21).

2.   **Los enemigos más peligrosos no se ven.**

El cazador estaba oculto al otro lado del río. El águila nunca pudo detectar quién estaba poniendo la trampa. Detrás de cada intento de capturarlo hay una intención diabólica de destruirlo. Tanto se juega con el fuego, que finalmente se va a quemar.

3.   **Toda tentación apela a las necesidades básicas.**

A un águila lo que más le gusta son los peces. Tú no vas a ser tentado por lo que no te gusta. Si saliste del vicio, la tentación vendrá por el vicio. Si fuiste libre de la pornografía, la tentación vendrá por ahí. El enemigo tentó a Jesús con pan después de haber ayunado cuarenta días, ¡y él tenía hambre como cualquier persona con una necesidad básica!

4.   **Las cosas fáciles siempre tienen costos ocultos.**

Debemos tener cuidado porque muchas veces aquello que parece barato tiene costos elevados. Recuerde a David cuando trasladó el arca que había sido capturada por los filisteos al lugar donde pertenecía. La ley decía que había que llevar el arca sobre los hombros de los sacerdotes, pero David no quiso hacerlo así y la puso sobre los bueyes. Más adelante fue David quien dijo: «Yo no podré ofrecerle nada a Jehová que no me cueste».

5.   **Toda trampa tiene por objetivo capturarlo.**

No puede jugar con fuego y creer que no se va a quemar. Una vez que aquella águila fue capturada perdió su libertad. Cada intento de liberarse la hería más. Hay muchos creyentes que fueron cautivos en sus propias trampas. A través de los años han guardado resentimientos y hoy son presa de sus propios complejos e inseguridades. No sé cuál ha sido la experiencia de su pasado que lo ha encerrado, si la relación con sus padres o en su matrimonio, y eso no le ha permitido seguir avanzando y creciendo en el Señor. Hoy nos hace bien recordar, «Así que, si el Hijo os libertare, seréis verdaderamente libres», (Juan 8:36).

Capítulo 17

LA SUTILEZA DEL ENEMIGO

Por lo demás, hermanos míos,
fortaleceos en el Señor,
y en el poder de su fuerza

—EFESIOS 6:10

EL ENEMIGO NATURAL del águila no encuentra límite en la altura en la que está construido el nido. Irónicamente este enemigo es el mismo que el del hombre espiritual: la serpiente. Esta enemistad entre el hombre y la serpiente ha existido desde la caída del hombre en el huerto del Edén.

> *Y pondré enemistad entre ti y la mujer, y entre tu simiente y la simiente suya; ésta te herirá en la cabeza, y tú le herirás en el calcañar»* (Génesis 3:15).

Los pequeños aguiluchos que todavía están en el nido son los más vulnerables a la sutileza de la serpiente, ya que no saben volar. Con mucha astucia la serpiente se entrelaza entre las rocas y asciende por el árbol hasta llegar al nido para devorar los huevos o a los pequeños indefensos.

La mayoría de las veces el águila adulta la descubre, porque los pequeños comienzan a gritar alertando así a la madre de que algo extraño está ocurriendo. Al escuchar el grito de sus pequeños, el águila madre regresa al nido lista para entrar en guerra. Existen dos formas en que el águila trata con la serpiente. La primera es picoteándola hasta matarla. La toma con sus garras, le aprisiona la cabeza hasta matarla. La segunda forma es atrapar a la serpiente y removerla del nido para eliminar todo peligro, y arrojarla desde las alturas contra una piedra.

LA REALIDAD DEL CONFLICTO ESPIRITUAL

Los apóstoles reconocían la realidad de la oposición espiritual contra la manifestación de lo que en Cristo está consumado, pero que debe ser experimentado en la vida de los hijos. En los primeros capítulos de la carta de Pablo a los efesios, él enfatizó la necesidad de la unidad, diversidad, pureza y armonía como las características esenciales de la nueva familia de Dios en Cristo. Todo parece una idea hermosa, una meta digna de alcanzar y que no debe ser muy difícil de lograr. Como he dicho antes entre el ideal y la realidad hay un gran trecho. Y esto es lo que Pablo hace en los versos 10 al 20 del capítulo 6. El aterriza el ideal y presenta las difíciles realidades que se presentarán para lograrlo y lo hace, recordándonos la oposición.

Al igual que hizo en el capítulo 2 verso 22, y el capítulo 4:27 – vuelve a mencionar al diablo y a ciertos principados y poderes que están bajo su comando.

Él no presenta una biografía del diablo y tampoco el origen de las fuerzas de las tinieblas. Él asume su existencia. El propósito no es satisfacer nuestra curiosidad sino alertarnos de su hostilidad y enseñarnos a cómo vivir en la victoria de Cristo.

Estás fuerzas tratarán de impedir lo que Dios quiere que se manifieste en tiempo real en la nueva familia de Dios. ¿El plan era que Dios quería una nueva familia? Entonces estas fuerzas harán todo lo posible para destruirla. En Cristo, ¿Dios derribó toda pared que dividía la raza humana en diferentes razas y culturas? Entonces estas fuerzas tratarán de levantar todo tipo de división. ¿Dios quería que su pueblo reconciliado y redimido viviera en armonía y paz? Entonces estas fuerzas del mal tratarán de sembrar discordia y pecado entre ellos.

Es contra estos poderes que Pablo dice que tenemos lucha.

Verso 12: «Porque no tenemos lucha contra sangre y carne, sino contra principados, contra potestades, contra los gobernadores de las tinieblas de este siglo, contra huestes espirituales de maldad en las regiones celestes».

La metáfora que Pablo usa es la de un soldado armado para enfatizar la realidad de nuestra participación contra los poderes del mal y la cruda realidad de un combate mano a mano. La transición es abrupta. Todos los capítulos anteriores nos presentaron el ideal, ahora nos encontramos en un combate.

> EN TODO COMBATE UN AMPLIO CONOCIMIENTO Y RESPETO SALUDABLE POR LAS DESTREZAS DEL ENEMIGO ES ESENCIAL.

Todo hijo e hija de Dios en algún momento tendrá que enfrentar a este enemigo de Dios y nuestro. Las implicaciones de este pasaje tienen que ser aceptadas, el llamado es a una batalla. El tono del capítulo es militar y por otro lado la hostilidad no cesará, no habrá tregua hasta el final de la vida o la historia. Esto es lo que parece que Pablo está implicando cuando dice: Por tanto, en el verso 13, es como si implicara por el tiempo que resta. Es como decir: La paz que Dios ha hecho a través de la cruz de Cristo tiene que ser experimentada en medio de un combate feroz contra la maldad para lo cual la fortaleza del Señor y su armadura son indispensables.

Consideremos varios puntos importantes:

Lo primero que Pablo hace es que presenta al enemigo que enfrentamos:

> Por lo demás, hermanos míos, fortaleceos en el Señor, y en el poder de su fuerza.
> Vestíos de toda la armadura de Dios, para que podáis estar firmes contra las asechanzas del diablo. Porque no tenemos lucha contra sangre y carne, sino contra principados, contra potestades, contra los gobernadores de las tinieblas de este siglo, contra huestes espirituales de maldad en las regiones celestes (Efesios 6:10-12).

En todo combate un amplio conocimiento y respeto saludable por las destrezas del enemigo es esencial. De igual manera cuando subestimamos nuestro enemigo espiritual pensamos que no necesitamos la armadura de Dios, estaremos en la batalla desarmados, sin armamento y en nuestra propia fuerza, el resultado será una derrota inevitable.

Lo que Pablo en estos versos hace es que entre la exhortación de que nos fortalezcamos en el Señor (versos 10-11) y detallar el armamento para el combate (versos 13 – 20), da una descripción completa y aterradora de las fuerzas que están en contra de nosotros (verso 12).

> Porque no tenemos lucha contra sangre y carne, sino contra principados, contra potestades, contra los gobernadores de las tinieblas de este siglo, contra huestes espirituales de maldad en las regiones celestes.

En otras palabras, nuestra lucha no es contra otros seres humanos sino contra fuerza cósmicas inteligentes; no es con seres humanos, es demoniaca. Esto no era una nueva noticia para los lectores originales. Ellos se tenían que acordar o por lo menos haber escuchado el incidente con los exorcistas ambulantes que se relata en Hechos 19:13-17, cuando trataron de invocar el nombre del Señor Jesús sobre los que tenían espíritus malos. En vez de liberar al hombre ellos fueron ridiculizados y derrotados al punto que dice el verso 16, de tal manera que huyeron de aquella casa desnudos y heridos.

Para los efesios esto fue notorio; Hechos 19:17 dice:

> *Y esto fue notorio a todos los que habitaban en Éfeso, así judíos como griegos; y tuvieron temor todos ellos, y era magnificado el nombre del Señor Jesús.*

Muchos de ellos mismos habían estado en el ocultismo y luego hicieron una fogata con sus artefactos valiosos de magia. Pablo identifica tres características de estas fuerzas del mal diciendo que son poderosas, principados y potestades.

No está claro si Pablo está describiendo rangos en una jerarquía de espíritus malos, lo que sí está claro es que llama la atención al poder y autoridad que ejercen. Estos principados y potestades también se llaman: los gobernadores de las tinieblas de este siglo…

La palabra griega (Strong #2888) para gobernador es *kosmokrátor*. Esta palabra se usaba en la astrología de los planetas que se creía que controlaban el destino humano. La idea es lo que «gobierna mundialmente», en este caso lo que gobierna las tinieblas de este siglo.

El contexto es, no contra carne y sangre, por lo tanto, no se está refiriendo a potentados terrenales sino poderes espirituales que, como

SI BIEN ES CIERTO QUE ESTOS PRINCIPADOS Y PODERES TRABAJAN EN LUGARES CELESTIALES, TAMBIÉN ES CIERTO QUE FUERON VENCIDOS Y DESTRUIDOS EN LA CRUZ Y ESTÁN AHORA BAJO LOS PIES DE CRISTO.

consecuencia del pecado humano, ejerce una autoridad satánica y por lo tanto antagónica sobre el mundo en su condición actual de oscuridad espiritual y alienación de Dios.

Cuando este gobierno mundial se aplica a estos gobernadores es consistente con el reclamo de Satanás de poder darle a Jesús todos los reinos del mundo, y lo que dice 1 Juan 5:19, *«Sabemos que somos de Dios, y el mundo entero está bajo el maligno».*

El texto no está negando la conquista decisiva de Jesús sobre los principados y potestades, sino que ellos son unos usurpadores que no han reconocido su derrota o que han sido destruidos.

Son malvados

Ser poderoso no es suficiente porque el poder en sí mismo es neutral, puede ser bien usado o mal usado. Estos principados y potestades usan este poder no para el bien sino para el mal. Son gobernantes mundiales de esta presente tiniebla. Odian la luz. Su hábitat natural son las tinieblas, las tinieblas de la mentira y el pecado.

Pablo los describe como huestes espirituales de maldad que operan en regiones celestiales. Regiones celestiales implica una esfera invisible a la realidad. Lo que caracteriza sus acciones es la maldad. No tienen ningún principio moral (código de honor o sentimientos de compasión), son malos.

Son astutos

En el verso 11 Pablo se refiere a las asechanzas del diablo. La palabra para asechanzas es METHODIA. Es una palabra compuesta: Meta = después, Odos = forma - un dispositivo astuto, una artimaña», y se traduce como «artimañas (del error)».

Efesios 4:14, «para que ya no seamos niños fluctuantes, llevados por doquiera de todo viento de doctrina, por estratagema de hombres que para engañar emplean con astucia las artimañas del error».

La implicación de la palabra es a no ignorar los métodos, la forma, la estrategia de Satanás que no va a atacar de una manera abierta, las asechanzas del diablo toman muchas formas, pero ninguna es tan efectiva como hacer pensar a la gente que él no existe. Negar su realidad es exponernos más a su sutileza.

Una fe y mentalidad puramente psicológica niega la realidad de este ser que la Biblia identifica como enemigo, adversario, y acusador.

Así que Pablo caracteriza a estos poderes de las tinieblas como: poderosos, malvados y astutos. Contra tal realidad solamente el poder de Dios nos puede defender y librar del poder, maldad y astucia de estos principados y potestades.

El poder en el cual nos fortalecemos ya Pablo lo describió en la carta. Es el poder que levantó a Cristo de entre los muertos y lo sentó a la diestra de Dios en lugares celestiales y nos levantó a nosotros de la muerte del pecado y nos hizo sentar con Cristo en lugares celestiales. Si bien es cierto que estos principados y poderes trabajan en lugares celestiales, también es cierto que fueron vencidos y destruidos en la cruz y están ahora bajo los pies de Cristo.

Así que, el mundo invisible en el cual nos atacan y nosotros nos defendemos es el mismo mundo en el cual Cristo reina sobre ellos y nosotros reinamos con él. Cuando Pablo nos exhorta a que nos fortalezcamos en el Señor y en el poder de su fuerza usa el mismo trio de palabras que usó en Efesios 1:19:

Y cuál la supereminente grandeza de su poder para con nosotros los que creemos, según la operación del poder de su fuerza.

En el original las palabras son: *dunamis, kratos e ischus.* En los versos Pablo hace dos exhortaciones:

Verso 10: fortaleceos en el Señor, y en el poder de su fuerza.

Verso 11: Vestíos de toda la armadura de Dios, para que podáis estar firmes contra las asechanzas del diablo.

Considera el balance. Dios nos empodera y nosotros cooperamos. Cuando nos fortalecemos en el poder de su fuerza y nos vestimos de su armadura la victoria está garantizada. Sino no hacemos esto estaremos desprotegidos y expuestos.

Ahora bien, una tendencia moderna para hablar de estos textos es que estos principados y potestades no son seres inteligentes demoniacos sino estructuras de pensamientos, tradiciones, leyes, autoridad y aun la religión, especialmente aquellos que se personifican en el gobierno y sus instituciones.

Es importante que entendamos que es lo que ha informado esta tendencia de interpretar los principados y potestades no como seres espirituales demoniacos sino como mentalidades, estructuras o el gobierno y sus instituciones.

La primera persona que tendríamos que mencionar es al predicador e historiador londinese, Dr. Gordon Rupp. Él concluye en su libro escrito en el 1952, titulado *Principalities and Powers* (Principados y poderes), que la expresión principados y potestades se refiere a fuerzas económicas, sociales y políticas; su interpretación no tiene ningún argumento exegético, sino que simplemente el transfiere la expresión y la aplica a asuntos económicos, sociales y políticos.

Otra escuela de interpretación de estos textos la promueve el teólogo holandés, Dr. Hendrikus Berkhof en su estudio titulado *Christ and the Powers* (Cristo y los poderes).

Él señala que lo que a lo que Pablo estaba refiriéndose era a estructuras de existencia terrenal. Otra presentación la hace rl teólogo inglés, G.B Caird en una serie de lecciones tituladas *Principalities and Powers* (Principados y poderes), un estudio de la teología paulina.

Caird distingue tres tipos de poderes:

1. *El poder de la religión pagana, incluyendo al estado, el interpreta Efesios 3:10 como que ya esto ha comenzado a ser redimido a través de la acción social de los cristianos.*

2. *El segundo poder es la ley, la cual en sí misma es buena pero cuando se eleva a un sistema independiente de Dios de religión, es demoniaca.*

3. *El tercer poder son los elementos salvajes de la naturaleza que resisten el gobierno de Dios, incluyendo animales salvajes, enfermedades, tormentas y toda la esclavitud y corrupción que está en la creación.*

Y por último está profesor y erudito suizo, Dr. Markus Barth en su libro *The Broken Wall* (La pared quebrantada), él identifica los principados y potestades como cuatro características de pensamiento y terminología de Pablo:

1. *El estado*
2. *La muerte*
3. *La moralidad*
4. *La ley*

La conclusión fue que en la predicación del Evangelio se debe incluir declaraciones relacionadas a la política, lo social, lo económico y lo cultural. Muchos predicadores y maestros contemporáneos han adoptado varias o muchas de estas posturas.

Los argumentos que yo he escuchado son:

+ La interpretación tradicional refleja una cosmovisión arcaica con ángeles y demonios que no está muy lejos de la mitología.
+ En el Nuevo Testamento no se hace una alusión a estructuras sociales, eso es una preocupación moderna. La respuesta es a los demonios los cambiamos por estructuras, los principados y potestades son estructuras disfrazadas.

La pregunta sería: ¿Cómo sabemos a qué se refería Pablo? Se estaría refiriendo a estructuras de gobierno o se estaría refiriendo a seres espirituales. La respuesta requiere una exegesis seria y responsable.

Consideremos algunos puntos importantes:

Es cierto que las palabras «principados y potestades» en el Nuevo Testamento se usan para referirse a autoridades políticas, Lucas 20:20 dice:

Y acechándole enviaron espías que se simulasen justos, a fin de sorprenderle en alguna palabra, para entregarle al poder y autoridad del gobernador.

Las palabras poder y autoridad son (*arche* y *exousia*). Considera que aquí las palabras son en singular, al poder y autoridad.

Lucas 12:11: Cuando os trajeren a las sinagogas, y ante los magistrados y las autoridades, no os preocupéis por cómo o qué habréis de responder, o qué habréis de decir.

Tito 3:1: Recuérdales que se sujeten a los gobernantes y autoridades, que obedezcan, que estén dispuestos a toda buena obra.

Romanos 13:1-3: Sométase toda persona a las autoridades superiores; porque no hay autoridad sino de parte de Dios, y las que hay, por Dios han sido establecidas. De modo que quien se opone a la autoridad, a lo establecido por Dios resiste; y los que resisten, acarrean condenación para sí mismos. Porque los magistrados no están para infundir temor al que hace el bien, sino al malo. ¿Quieres, pues, no temer la autoridad? Haz lo bueno, y tendrás alabanza de ella.

En todos estos versos las palabras son *exousia, archai* y *arcontes*.

En cada contexto no hay duda de que se está refiriendo a «las autoridades humanas». En otros textos en los cuales se usan esas mismas palabras no está claro que se está refiriendo a autoridades políticas o autoridad judicial. La mayor cantidad de intérpretes por generaciones han entendido que se refiere a seres espirituales a los cuales se les dieron los mismos títulos que los gobernantes humanos, esto no nos debe sorprender porque se pensaba que estas huestes de maldad en las regiones celestes tenían una organización política.

Veamos las tres referencias principales sobre los principados y potestades en Efesios.

Efesios 1:20-21: la cual operó en Cristo, resucitándole de los muertos y sentándole a su diestra en los lugares celestiales, sobre todo principado y autoridad y poder y señorío, y sobre todo nombre que se nombra, no sólo en este siglo, sino también en el venidero.

La interpretación obvia no es que Dios exaltó a Jesús sobre todo gobernante e institución en la tierra y lo hizo Rey de reyes y Señor de señores (aunque esto es así) el texto especifica la esfera en la cual Él fue exaltado, dice, en los lugares celestiales,

Efesios 3:10: para que la multiforme sabiduría de Dios sea ahora dada a conocer por medio de la iglesia a los principados y potestades en los lugares celestiales.

El texto no indica que Pablo se está refiriendo a estructuras y gobernantes políticos en la tierra ya que identifica de igual manera que es en las regiones celestiales.

Y por último los textos que consideramos al principio nos dicen que nuestra lucha no es contra carne y sangre sino contra principados, contra potestades, contra los gobernadores de las tinieblas de este siglo, «contra huestes espirituales de maldad en las regiones celestes».

Otro punto importante es la consideración que en los evangelios Jesús habló de ángeles y demonios. El echar fuera demonios fue una parte integral de su ministerio y según él una señal indubitable del Reino.

Así que si Jesús habló de ellos, a nosotros no nos debe avergonzar hacer lo mismo. Aparte de las referencias a principados y potestades Pablo, Pedro, y el escritor de la carta a los Hebreos hablaron sobre ángeles.

Lo importante aquí amado lector es que si alguien no quiere considerar lo que Jesús y los apóstoles hablaron y enseñaron sobre el tema de ángeles y demonios y lo consideran como mitológico, o supersticioso y lo quieren desmitificar, ese es su derecho.

Alterar lo que Jesús y los apóstoles enseñaron sobre el tema va a requerir más que solo apelar a ser relevantes, se requiere poderosas razones exegéticas para hacerlo y la realidad es que la evidencia bíblica e histórica está a favor de lo que Jesús y los apóstoles enseñaron.

Esto no significa que los principados y potestades no puedan usar estructuras, tradiciones, o instituciones para el mal, lo que quiero establecer es que evitemos la confusión que se produce cuando los identificamos.

Por supuesto que estructuras, sociales, políticas y económicas se pueden convertir en demoniacas, esto es evidente cuando se considera que en Romanos 13 el estado es ministro de Dios, pero en Apocalipsis 13 se identifica como un aliado del enemigo. Todo don de Dios puede ser pervertido para ser usado para el mal.

Si identificamos los principados y las potestades con estructuras humanas de cualquier tipo habrá serias consecuencias.

1. *No tendremos una explicación adecuada para explicar por qué, aunque no siempre las estructuras se convierten en tiránicas.*

2. *Limitamos injustificablemente nuestro entendimiento de la actividad malévola del diablo a lo estructural.*

3. *Tendremos una actitud negativa hacia la sociedad y sus estructuras.*

El tema no es que deifiquemos las estructuras o que las demonicemos, ambos son extremos que tenemos que evitar. La iglesia como la nueva raza de Dios debe y puede cuestionar los valores de la sociedad contemporánea, debe retarlos y presentar una alternativa viable. Y si en este ejercicio algunas estructuras cambian para el bien, entonces la teoría de que los principados y las potestades son estructuras sociales, políticas y económicas en la tierra se ha probado incorrecta.

Este combate espiritual tiene tres dimensiones:

1. *Personal*: Proviene del interior y el problema es de la carne.

> *Y manifiestas son las obras de la carne, que son: adulterio, fornicación, inmundicia, lascivia, idolatría, hechicerías, enemistades, pleitos, celos, iras, contiendas, disensiones, herejías, envidias, homicidios, borracheras, orgías, y cosas semejantes a estas; acerca de las cuales*

os amonesto, como ya os lo he dicho antes, que los que practican tales cosas no heredarán el reino de Dios (Gálatas 5:19-21).

2. *Social:* Proviene del exterior y el problema es con el mundo.

No améis al mundo, ni las cosas que están en el mundo. Si alguno ama al mundo, el amor del Padre no está en él. Porque todo lo que hay en el mundo, los deseos de la carne, los deseos de los ojos, y la vanagloria de la vida, no proviene del Padre, sino del mundo. Y el mundo pasa, y sus deseos; pero el que hace la voluntad de Dios permanece para siempre (1 Juan 2:15-17).

3. *Supranatural:* Proviene del mundo espiritual y el problema es con la maldad.

Porque no tenemos lucha contra sangre y carne, sino contra principados, contra potestades, contra los gobernadores de las tinieblas de este siglo, contra huestes espirituales de maldad en las regiones celestes, (Efesios 6:12).

LA POSTURA DE LOS HIJOS DE DIOS EN EL CONFLICTO ESPIRITUAL

Satanás no debe ser considerado mito precientífico, producto de la imaginación de pueblos ignorantes y tampoco personificación metafórica o literaria del mal. En la medida en que se haga caso omiso de la gravedad del pecado y el mal, el registro bíblico de la realidad espiritual y personal de Satanás será disminuido o ridiculizado.

¿Cuál debe ser nuestra postura?
Aquí te comparto lo que dice la Biblia.

+ Reconocer el conflicto de lucha espiritual con el enemigo espiritual – Efesios 6:10-18.

+ Evita el ocio – 1 Timoteo 5:13-15
+ Mantén tu matrimonio saludable – 1 Corintios 7:5
+ Somete a Dios – Santiago 4:7
+ Resiste – 1 Pedro 5:9
+ Afirmar tu identidad en Cristo – Lucas 4:3

Reconoce la victoria en Cristo:
+ El mundo está vencido – Juan 16:33; 1 Juan 2:13;
  Apocalipsis 12:11
+ Mayor es el que está en ti – 1 Juan 4:4
+ Eres guardado del mal – Juan 17:15
+ El maligno no te toca – 1 Juan 5:18
+ Tienes autoridad sobre el mal – Lucas 10:19
+ Cristo despojó, exhibió públicamente y triunfó sobre
  principados y potestades en la cruz – Colosenses 2:15

Capítulo 18

ALIMENTO PARA LAS ALTURAS

En un mundo materialista podemos olvidar fácilmente
que la vida se vive desde adentro, no desde afuera.

—SUSAN TAYLOR, EDITORA

POR NATURALEZA, EL águila es un ave muy saludable, capaz de vivir hasta sesenta años. No se enferma con frecuencia por causa de su dieta alimenticia. Diferente al buitre que come comida descompuesta, el águila mayormente come especies vivas. Aun así, es posible que devore alguna criatura y se envenene con ese alimento. Cuando esto sucede el águila se debilita, y aunque es un serio problema, usualmente no resulta en su muerte.

Cuando el águila detecta su inestabilidad física ante un problema de salud, busca un lugar inaccesible, usualmente en la cumbre de una montaña, extiende sus alas y con su rostro mirando al sol espera que el calor de sus rayos y el proceso natural de su cuerpo le devuelvan la fuerza perdida. Los que han visto esta postura del águila asumen que está muerta. El águila acostumbra a usar este mismo procedimiento para tres situaciones de su vida: durante el proceso de una enfermedad, cuando está mudando sus plumas y ante su muerte.

La importancia de una dieta espiritual saludable no puede subestimarse si es que deseamos llegar a ser hijos maduros y cumplir con nuestra asignación en el planeta.

El apóstol Pablo encontró que en la iglesia de Corinto había un gran número de creyentes enfermos, débiles y aun muertos por no saber discernir el cuerpo de Cristo entre ellos.

Por lo cual hay muchos enfermos y debilitados entre vosotros, y muchos duermen, (1 Corintios 11:30).

Hay una frase popular que dice: «Eres el resultado de lo que comes». Así también es en lo espiritual. Cómo tú te alimentes espiritualmente determinará tu vitalidad y energía para elevarte y vivir en las alturas.

La dieta espiritual de un creyente no debe tomarse livianamente. Como pastor, una de mis grandes satisfacciones era ver a los creyentes crecer y desarrollarse como hijos maduros en el Señor.

En mis años de experiencia he notado que mientras más expuesta está una persona a la revelación consistente del nuevo pacto y la gracia de nuestro Señor Jesucristo, mayor será su desarrollo y más saludable espiritualmente estará para enfrentar cualquier dificultad en su vida.

EL MENSAJE DE LA GRACIA

Cuando nos referimos a la gracia de Dios, estamos hablando acerca del permiso que Él nos concedió para disfrutar de quienes somos y lo que Él nos ha dado. En los Evangelios descubrimos a un Cristo de quien emanaba el permiso para celebrar la vida. Una actitud totalmente diferente a los hombres doctos en la fe que lo rodeaban, aquellos religiosos profesionales en la aplicación de la ley, piadosos por fuera, pero de acuerdo con las palabras del Maestro eran «tumbas blanqueadas y nubes sin agua».

Estar cerca de Jesús era una experiencia libertadora. Estoy seguro de que su misma persona reflejaba una seguridad y confianza que inspiraba a sus seguidores. Esto debe haber sido tan evidente que la gente salía de sus casas y caminaba tres días para escuchar a un hombre con un mensaje libertador. ¿Cuál sería aquel mensaje? ¿Qué doctrina traía aquel hombre que revolucionaba a sus oyentes?

El evangelista Juan lo presenta de esta manera: «*Porque de su plenitud tomamos todos, y gracia sobre gracia. Pues la ley por medio de Moisés fue dada, pero la gracia y la verdad vinieron por medio de Jesucristo*» (Juan 1:16-17).

¡Qué maravilloso! La impartición que los discípulos tuvieron fue tan poderosa que para fines del primer siglo aquellos hombres, inseguros, inconstantes, acomplejados y dudosos revolucionaron la Roma imperial y dieron su vida por lo que ellos profesaban creer.

La declaración «gracia sobre gracia» es importante entenderla de acuerdo con el contexto en el cual se menciona a Moisés y la ley. Moisés trajo consigo una gracia, pero Cristo trajo otra que es aún mayor y reemplaza a la anterior. La gracia que Jesús trajo es superior a la ley. En la gracia de Cristo se encuentra el perdón, la bendición, la protección, la paz, la

> **ESTAR CERCA DE JESÚS ERA UNA EXPERIENCIA LIBERTADORA.**

prosperidad, la santificación y la redención. En la ley de Moisés se reglas y expectaciones que aventaban el fuego de los fariseos y hacía a la gente más esclava de lo que era. Esto producía que el servicio a Dios fuera el resultado de la culpa, el temor y la vergüenza, y no fuera fruto del amor. Los que vivieron y aún viven por el sistema de reglas y no por gracia, conducen juicios crueles, inflexibles, intolerantes e incapaces de amar legítimamente. La obediencia en este contexto es un asunto de compulsión en vez de un fluir motivado por el amor. El creyente que vive en este sistema continuamente tiene un sentido de culpa, no sabe si ha hecho suficiente o si Dios está complacido con él o ella. Vive con temor a perderse y acusado por su conciencia y la de aquellos que lo rodean. No logra disfrutar de su salvación, sino que vive en una lucha interna, resentido de su propia incapacidad de agradar a Dios y vivir en paz consigo mismo.

Pero cuando llega el perdón y la gracia de Cristo, el temor motivado por la culpa es reemplazado por un simple anhelo de seguirlo y amarlo. En vez de concentrase en los logros de la carne, habla del corazón. La religión rígida y estéril fue remplazada por una relación motivada por la gracia.

La gracia y la verdad de Cristo nos libertan. El Señor declaró: «*y conoceréis la verdad, y la verdad os hará libres*» (Juan 8:32). Para Jesús, el mensaje de la gracia nunca fue algo teológico o sistemático, sino que fue una vivencia y experiencia real. Cuando los fariseos sorprendieron a la mujer en adulterio y la trajeron delante de Él, Jesús no le dio una lección o una cátedra, sino que le extendió perdón y gracia. También al leproso le manifestó gracia al tocarlo. Sin embargo, a los fariseos los confundía con sus parábolas.

CARACTERÍSTICAS DE LA GRACIA

En su definición más simple, *gracia* «es doblarse, descender, es favor condescendiente». Es la definición tradicional de «favor inmerecido». La mejor forma de entender la gracia es cuando un rey o reina se detienen para descender y tocar a una persona de menor nivel. La gracia se manifiesta cuando se le extiende a alguien que no la merece o nunca podrá ganársela.

> *Pero Dios, que es rico en misericordia, por su gran amor con que nos amó, aun estando nosotros muertos en pecados, nos dio vida juntamente con Cristo (por gracia sois salvos) (Efesios 2:4-5).*

La misericordia fue la compasión que motivó a Dios a proveer un Salvador para el perdido. El amor fue el factor que produjo el plan y es el fundamento para salvar al perdido. La gracia elimina todo mérito humano. Solo se requiere fe en el Salvador. La gracia es un golpe contra el orgullo humano. Cualquier mezcla con mérito humano viola la pureza de la gracia de Dios. Esto establece un principio poderoso: *La gracia no sólo provee salvación, sino también seguridad y preservación para el que la recibe a pesar de sus imperfecciones.* La gracia perfecciona al que la recibe por causa de la operación de la vida de Cristo en él.

> PERO CUANDO LLEGA EL PERDÓN Y LA GRACIA DE CRISTO, EL TEMOR MOTIVADO POR LA CULPA ES REEMPLAZADO POR UN SIMPLE ANHELO DE SEGUIRLO Y AMARLO.

Justificados, pues, por la fe, tenemos paz para con Dios por medio de nuestro Señor Jesucristo; por quien también tenemos entrada por la fe a esta gracia en la cual estamos firmes, y nos gloriamos en la esperanza de la gloria de Dios, (Romanos 5:1-2).

Porque el pecado no se enseñoreará de vosotros; pues no estáis bajo la ley, sino bajo la gracia (Romanos 6:14).

Porque si siendo enemigos, fuimos reconciliados con Dios por la muerte de su Hijo, mucho más, estando reconciliados, seremos salvos por su vida (Romanos 5:10).

La gracia provee seguridad, no por lo que tú puedas hacer, sino por lo que Él hizo por ti en la cruz del Calvario y lo que está haciendo ahora por medio de su vida. Sus motivaciones son internas, no externas. Ahora lo amas porque Él te amó primero. Lo buscas porque Él te encontró, le das porque Él te bendijo, y le sirves porque Él te ama.

COMPONENTE CENTRAL DE UNA DIETA

Este mensaje es central en la dieta espiritual de un creyente. En un tiempo en el que el mensaje está mezclado con las sutilezas del humanismo, tenemos que redescubrir la esencia y la sencillez de una vida caracterizada por la gracia de nuestro Señor Jesucristo.

El humanismo se caracteriza por la concentración en el «yo», la habilidad humana de lograr lo que solo es posible por la gracia y habilidad divina. Una definición práctica que me gusta mucho acerca de la gracia es la siguiente:

Habilidad divina para hacer y cumplir con la voluntad de Dios en nuestra vida. Esta declaración está respaldada por el texto que dice: «*porque Dios es el que en vosotros produce así el querer como el hacer, por su buena voluntad*» (Filipenses 2:13).

Dios no sólo salva, sino que comienza una obra interna en ti que te motiva a obedecer y a seguir su voluntad. Entender esta verdad nos libera de una vida de perfeccionismo religioso que produce agotamiento excesivo. Lamentablemente, muchos hijos de Dios están fatigados espiritualmente y débiles, porque la dieta espiritual que reciben contiene una dosis elevada de legalismo y mandamientos de hombres que esclavizan el alma y drenan el fervor del espíritu. En el corazón de una vida espiritual saludable está el entender y vivir la gracia maravillosa de Cristo.

El apóstol Pablo es un modelo de esta clase de vida. Un estudio sobre su vida nos ayuda a entender cómo él diferenciaba lo que es vivir en la carne y lo que es vivir en el Espíritu, y dedica todo un capítulo para ayudarnos a entender los resultados de estas dos dietas.

> *Porque el ocuparse de la carne es muerte, pero el ocuparse del Espíritu es vida y paz (Romanos 8:6).*

Cuando nos referimos a términos como carne y espíritu, tenemos la tendencia de interpretar que vivir en la carne sólo es el resultado obvio de los pecados de acuerdo con el texto en Gálatas 5:19–21: *adulterio, fornicación, inmundicia, lascivia, idolatría, hechicería, enemistades, pleitos, celos, iras contiendas, disensiones, herejías, envidias, homicidios, borracheras, orgías, y cosas semejantes a estas.* Sin embargo, podemos evitar toda esta manifestación externa de la carne y ser tan carnales como uno que practica tales pecados. Los fariseos se gloriaban de una vida que evitaba el pecado y al pecador, pero el resultado de esto fue una mentalidad legalista que se oponía a todo lo que era del Espíritu, manifestado en la persona de Jesucristo.

CARACTERÍSTICAS DE LOS FARISEOS DEL TIEMPO DE JESÚS Y LOS DEL SIGLO 21

Los fariseos escogieron interpretar todo lo que ocurría a su alrededor a través de un velo. No entendían lo que significaba: «*misericordia quiero y no sacrificio*» (Mateo 12:7). Pasaban mucho tiempo evitando el mal y protegiendo la institución. Carne religiosa es tan mala como carne secularizada. Pablo establece que ocuparse de la carne es muerte. Y la muerte no es solo la consecuencia de un mal comportamiento, sino la calidad de vida que experimenta.

En el contexto de Romanos 8, la muerte también incluye:

+ Fatiga: No hay energía del Espíritu
+ Frustración: No hay visión del Espíritu
+ Fracaso: No hay habilidad para agradar a Dios

Esas son características naturales de uno que no ha nacido de nuevo como resultado de su condición espiritual. Vive sin energía espiritual, sin visión y frustrado. Está restringido a la vida natural y no tiene otro enfoque. En otras palabras, un muerto no tiene opciones. Pero el creyente tiene una decisión que tomar cada día: «Continuar viviendo en la carne o vivir en el Espíritu». Si decide vivir en la carne, experimentará los mismos efectos que el inconverso.

CONSECUENCIAS DE VIVIR EN LA CARNE

Si su decisión es vivir en la carne, hay consecuencias y efectos que se harán sentir en la vida natural. Si vivimos en la carne:

* No recibimos vida del Espíritu
* Operamos en nuestra propia fuerza
* Nos cansamos rápido
* Seguimos nuestros propios intereses

No hay habilidad para agradar a Dios, porque la mente carnal es enemistad contra Dios.

El resultado de esto es un sentido constante de fracaso, no importa cuán religioso seas. Quien vive en la carne está muerto en vida. La alternativa que Pablo presenta para esta vida miserable es ocuparse en las cosas del Espíritu, ya que el resultado es vida y paz. Así como la muerte que produce la carne no es solo separación de Dios, sino calidad de vida presente, el resultado que produce la vida en el Espíritu es una calidad de vida superior, acompañada de paz.

Cuando estamos con gente que demuestra esta clase de vida nos motiva, nos energiza y nos influencia en nuestras decisiones como resultado de la atmósfera espiritual que gobierna su vida. Ellos no son súper cristianos o están inmunes a las luchas de la vida, simplemente su enfoque es sencillo y no son controlados por las circunstancias de la vida.

CÓMO IDENTIFICAR UNA MENTALIDAD CARNAL

Mencionamos que ocuparse de la carne no siempre se manifiesta en mal comportamiento o pecados obvios. Considerar el mal comportamiento como la única expresión de vivir en la carne es perder la esencia de lo que es la diferencia entre «Espíritu y carne».

La carne es algo más sutil que la manifestación visible de pecado, y es por eso por lo que la gente religiosa puede ser tan mala como un asesino o un perverso. Esta fue la sorprendente confesión que hizo Pablo en Filipenses 3:3-7:

> «Porque nosotros somos la circuncisión, los que en espíritu servimos a Dios y nos gloriamos en Cristo Jesús, no teniendo confianza en la carne. Aunque yo tengo también de qué confiar en la carne. Si alguno piensa que tiene de qué confiar en la carne, yo más: circuncidado al octavo día, del linaje de Israel, de la tribu de Benjamín, hebreo de hebreos; en cuanto a la ley, fariseo; en cuanto a celo, perseguidor de la iglesia; en cuanto a la justicia que es en la ley, irreprensible. Pero cuantas cosas eran para mí ganancia, las he estimado como pérdida por amor de Cristo».

Hay cuatro aspectos de una mentalidad carnal que Pablo describe:

1. Lo natural: «Circuncidado al octavo día, del linaje de Israel, de la tribu de Benjamín, hebreo de hebreos» (Filipenses 3:5).
2. Identificación externa: «en cuanto a la ley, fariseo» (v. 5).
3. Celo humano: «en cuanto a celo, perseguidor de la iglesia» (v. 6).
4. Justicia propia: «en cuanto a la justicia que es por la ley, irreprensible» (v. 6).

La dieta espiritual del apóstol Pablo antes de su conversión se concentraba en estos cuatro elementos. El resultado era rigidez y falta de gozo para disfrutar el amor y la gracia de Dios. Me temo que hoy, muchos cristianos están en esta condición. En su corazón saben que hay algo más, que el evangelio no puede ser un continuo «no», algo dentro de ellos clama por la liberación de la gloria de Cristo en su vida, pero no saben cómo llegar a disfrutarlo.

Amado lector, si tú eres una de esas personas, no te rindas, creo que hoy Dios comienza a elevarte a nuevas alturas, a saciarte con pan fresco y a romper el molde religioso en el cual te encuentras. Estás cansado, muchos aun han perdido el gozo de la salvación por la mezcla de alimentos que ingieren, pero hoy es tu día. Abre tus alas, mira al sol de justicia porque hoy el Señor te devuelve las fuerzas perdidas.

UN CAMBIO RADICAL

Hoy necesitas hacer un cambio radical en tu vida. Ya no puedes continuar alimentándote y procesando tu comida espiritual de la misma manera. Este cambio será evidente en la forma que substituyas lo siguiente:

> EL EVANGELIO NO ES UNA CAUSA, ES LA PERSONIFICACIÓN DEL AMOR DE DIOS QUE ES UNA PERSONA, CRISTO MISMO.

Lo natural contra lo espiritual: En lo natural, Pablo se gloriaba en su relación natural y física, pero su dieta fue remplazada. Ya no se identificaba con un pueblo natural sino con un linaje espiritual, donde no había judío ni gentil, sino que todos eran uno en Cristo. Mientras que es noble reconocer nuestras raíces, no podemos olvidar que ahora ya no somos de este mundo, sino que procedemos de las alturas.

«Mas nuestra ciudadanía está en los cielos, de donde también esperamos al Salvador, al Señor Jesucristo» (Filipenses 3:20).

Identificación externa contra transformación interna: Pablo llegó a decir que era fariseo y que eso era su orgullo, pero luego de un encuentro con el amor y la gracia de Cristo, ya esa no era su gloria sino la transformación interna que experimentaba en el Espíritu. Lamentablemente, hoy el Cuerpo de Cristo está dividido, precisamente por este asunto. Parece que nos interesa más decir a qué grupo pertenecemos, que la identificación interna que debe existir entre nosotros por causa de a quien servimos.

«Por tanto, nosotros todos, mirando a cara descubierta como en un espejo la gloria del Señor, somos transformados de gloria en gloria en la misma imagen, como por el Espíritu del Señor» (2 Corintios 3:18).

Celo humano contra pasión divina: Nuestra motivación no deben ser causas o actividades, por más nobles que sean. El evangelio no es una causa, es la personificación del amor de Dios que es una persona, Cristo mismo. El celo humano produce agotamiento, y como resultado lo debilita. Examina qué te motiva. El amor de Dios en ti causará una energía concentrada en la persona de Jesucristo, no en actividades y logros humanos.

Justicia propia contra justicia que es por la fe: Pablo se consideraba irreprensible en cuanto a la ley. Su análisis personal era que él era bueno, sin embargo, descubrió que nada de lo bueno que hacía producía vida en él. ¡Qué descubrimiento! Imagínate vivir toda una vida religiosamente para luego descubrir que no agrada a Dios, y los resultados son muerte en vez de vida. ¿Cómo te sentirías? Pablo entendió que aparte de Cristo, la vida, aun por más religiosa que sea, es un activismo agotador que produce religiosidad rígida e inflexible, y no vida y paz.

> *«Porque para mí el vivir es Cristo, y el morir es ganancia»*
> *(Filipenses 1:21).*

Nunca olvides que has sido destinado para las alturas.

CONCLUSIÓN

ES MI ORACIÓN que la lectura de este libro te haya edificado, afirmado y empoderado para vivir conforme a tu nueva naturaleza, que puedas desarrollar tus facultades espirituales y experimentar la abundancia de la vida de Cristo en ti.

Mi intención ha sido ayudarte a construir un fundamento sólido en Cristo, pero a la vez intensamente práctico. Anhelo que hayas podido identificar áreas en tu vida que se pueden convertir en un factor limitador. Decídete a alinearlas a la verdad que es conforme a Jesús, la victoria está garantizada.

Además, conviértete en un promotor de esperanza. Quizás conoces a alguien que necesite leer este libro. Una buena inversión que puedes hacer es comprar otro y regalárselo a alguien que lo necesite. De esta manera estarás contribuyendo al bienestar y desarrollo espiritual de otras personas.

Es mi deseo conocer testimonios y experiencias que surgieron como resultado de la lectura de este libro. Si deseas escribirme y compartir conmigo testimonios o peticiones de oración puedes hacerlo en www. TommyMoya.tv.

Además, si deseas seguir profundizando en muchos de los temas que consideramos en este libro te invito a matricularte en la Comunidad Virtual Transformados En Cristo. Allí encontrarás un recurso de estudio que te edificará, pero también te retará en la renovación de tu entendimiento. Cientos de estudiantes testifican de lo que han experimentado con los estudios de la comunidad virtual.

Aquí te comparto algunos de ellos:

Muy revelador. Estoy sorprendido por tantas cosas que creímos importantes, que nos tuvieron entretenidos en otro tiempo, sin revelación de lo que realmente tiene suprema importancia. Agradezco al Padre por pertenecer a Transformados En Cristo. —Juan

Cada día más libre. —Mónica

Esto es verdaderamente emocionante. Gloria a Dios por traer esta redirección a nuestro entendimiento. Es como botar todo un equipaje pesado que hacía lenta nuestra carrera. Ahora este viaje hacia el propósito eterno se hace más liviano y claro. Gracias pastor Tommy Moya. —Claudia

Para matricularte hoy mismo visita: www.Transformados EnCristo.com

BIBLIOGRAFÍA

Capítulo 1 –La nueva naturaleza
https://www.psychologytoday.com/us/blog/the-social-thinker/201711/
why-metaphors-are-important

Capítulo 2 –El fundamento de una vida victoriosa
https://www.christianquotes.info/quotes-by-topic/quotes-about-victory/
Gálatas 2:20, RVR1960

> *Con Cristo estoy juntamente crucificado, y ya no vivo yo, mas vive Cristo en mí; y lo que ahora vivo en la carne, lo vivo en la fe del Hijo de Dios, el cual me amó y se entregó a sí mismo por mí.*

Filipenses 1:21, RVR1960

> *Porque para mí el vivir es Cristo, y el morir es ganancia.*

Capítulo 3 –Desde una nueva perspectiva
The Christian View Of God and The World, James Orr
Asociación de Ansiedad y Depresión de América
https://adaa.org/about-adaa/press-room/facts-statistics
Easton Bible Dictionary
https://www.biblestudytools.com/dictionary/regeneration/
International Standard Bible Encyclopedia
https://www.biblestudytools.com/encyclopedias/isbe/regeneration.html

Capitulo 4-Como el águila
https://www.wiseoldsayings.com/eagle-quotes/

Capítulo 6-La fuente de fortaleza
https://www.whatchristianswanttoknow.com/top-25-christian-quotes-about
-strength/

Capítulo 7-Alcanzar la madurez
AZ Quotes

Capítulo 8-La necesidad de decisiones sabias
Información sobre el águila consultada en el libro *The Eagle Christian* por Kenneth Price, Old Faithful Publishing, 1989.

Capítulo 9-Dinámicas de las decisiones

https://www.whatchristianswanttoknow.com/top-15-christian
-quotes-about-decision-making/#ixzz6Brz02eqT

Capítulo 10-Destinado para las alturas

Murray, John, *Redemption Accomplished and Applied.* Grand Rapids: Wm. B.
Eerdmans Publishing Co. 1955. pg. 106.

Barclay, William, *The Mind of Paul.* London: Fontana Books. 1958. pg. 112.

Capítulo 11-Cómo vencer el temor

https://www.christianquotes.info/top-quotes/22-powerful
-quotes-overcoming-fear/

Vine's Expository Dictionary Of New Testament Words

Capítulo 13-La visión del águila

Información sobre el águila consultada en el libro *The Eagle Christian* por Kenneth
Price, Old Faithful Publishing, 1989.

SOBRE EL AUTOR

TOMMY MOYA SIRVE como pastor en la Red Ministerial R.E.M.A. (Red Ministerial Apostólica). Es el fundador de la comunidad virtual de estudio www.TransformadosEnCristo.com. Además de su liderazgo y visión empresarial, ministra en las naciones con un mensaje retador a la transformación del pensamiento y la vida de los santos, bajo una revelación pertinente a la gracia, el Reino y el Nuevo Pacto. Su vida, matrimonio y familia son muestras palpables y evidentes de la misericordia restauradora del Padre, que mantiene vigentes en sus escogidos, su llamado y sus dones irrevocables.

Ha escrito varios libros, incluyendo este libro que ha sido ampliado y revisado, que fue ganador del premio «Mejor libro original del año 2005» otorgado por la Spanish Evangelical Publishers Association (SEPA, por sus siglas en inglés). Algunas de sus otras obras son: *El maravilloso evangelio de la gracia*, *El secreto de los triunfadores*, *El secreto de una vida balanceada*, *Caer no es la sentencia final* y *Éxito para las naciones*, escrito junto a su amigo y socio de negocios, Juan Rosado.

El pastor Moya reside en el Centro de la Florida, EE. UU.; está felizmente casado con Janet, tienen dos hijas: Amarylis y Giselle, quien está casada con Derek Janney. También es el orgulloso abuelo de su nietecita Norah.

PARA MÁS INFORMACIÓN VISITA:

www.TommyMoya.tv

Te invitamos a que visites nuestra página
web, donde podrás apreciar la pasión por
la publicación de libros y Biblias:

www.casacreacion.com

f @CASACREACION

𝕏 @CASACREACION

◉ @CASACREACION

Para vivir la Palabra